Materialwirtschaft und Produktionstheorie

INTENSIVTRAINING

Der günstige Preis dieses Buches wurde durch großzügige Unterstützung der

MLP Finanzdienstleistungen AG Heidelberg

ermöglicht, die sich seit vielen Jahren als Partner der Studierenden der Wirtschaftswissenschaften versteht.

Als führender unabhängiger Anbieter von Finanzdienstleistungen für akademische Berufsgruppen fühlt sich MLP Studierenden besonders verbunden. Deshalb ist es MLP ein Anliegen, Studenten mit dem ● MLP REPETITORIUM Informationen zur Verfügung zu stellen, die ihnen für Studium und Examen großen Nutzen bieten, der sich schnell in Erfolg umsetzen läßt.

Ulrich Vossebein

Materialwirtschaft und Produktionstheorie

INTENSIVTRAINING

2. AUFLAGE

REPETITORIUM WIRTSCHAFTSWISSENSCHAFTEN
HERAUSGEBER: VOLKER DROSSE | ULRICH VOSSEBEIN

PROF. DR. ULRICH VOSSEBEIN lehrt Allgemeine Betriebswirtschaftslehre und Marketing an der Fachhochschule Gießen-Friedberg. Er ist darüber hinaus als Unternehmensberater in den Bereichen Qualitätsmanagement und strategisches Marketing tätig.

Die Deutsche Bibliothek–CIP-Einheitsaufnahme

Ein Titeldatensatz für diese Publikation ist bei
Der Deutschen Bibliothek erhältlich.

Alle Rechte vorbehalten

© Betriebswirtschaftlicher Verlag Dr. Th. Gabler GmbH, Wiesbaden 2001.

Der Gabler Verlag ist ein Unternehmen der Fachverlagsgruppe BertelsmannSpringer.
www.gabler.de

Das Werk einschließlich aller seiner Teile ist urheberrechtlich geschützt. Jede Verwertung außerhalb der engen Grenzen des Urheberrechtsgesetzes ist ohne Zustimmung des Verlages unzulässig und strafbar. Das gilt insbesondere für Vervielfältigungen, Übersetzungen, Mikroverfilmungen und die Einspeicherung und Verarbeitung in elektronischen Systemen.

Die Wiedergabe von Gebrauchsnamen, Handelsnamen, Warenbezeichnungen usw. in diesem Werk berechtigt auch ohne besondere Kennzeichnung nicht zu der Annahme, dass solche Namen im Sinne der Warenzeichen- und Markenschutz-Gesetzgebung als frei zu betrachten wären und daher von jedermann benutzt werden dürften.

Höchste inhaltliche und technische Qualität unserer Produkte ist unser Ziel. Bei der Produktion und Verbreitung unserer Bücher wollen wir die Umwelt schonen: Dieses Buch ist auf säurefreiem und chlorfrei gebleichtem Papier gedruckt. Die Einschweißfolie besteht aus Polyäthylen und damit aus organischen Grundstoffen, die weder bei der Herstellung noch bei der Verbrennung Schadstoffe freisetzen.

Lektorat Jutta Hauser-Fahr
Umschlagkonzeption independent, München
Gesamtherstellung Lengericher Handelsdruckerei, Lengerich/Westf.

ISBN-13: 978-3-409-22612-7   e-ISBN-13: 978-3-322-84751-5
DOI: 10.1007/978-3-322-84751-5

Vorwort zum Repetitorium Wirtschaftswissenschaften

Das Repetitorium Wirtschaftswissenschaften richtet sich an Dozenten und Studenten der Wirtschaftswissenschaften, des Wirtschaftsingenieurwesens und anderer Studiengänge mit wirtschaftswissenschaftlichen Inhalten an Universitäten, Fachhochschulen und Akademien. Es ist gleichermaßen zum Selbststudium für Praktiker geeignet, die auf der Suche nach einem fundierten theoretischen Hintergrund für ihre Entscheidungen in den Unternehmen sind.

In allen Bänden des Repetitoriums wird besonderer Wert auf Beispiele, Übersichten und Übungsaufgaben gelegt, die die Erarbeitung des jeweiligen Lernstoffs erleichtern und das Gelernte festigen sollen. Zur Sicherung des Lernerfolgs dienen auch die zahlreichen Tips zur Lösung der Aufgaben, die vor einem Vergleich der eigenen Lösung mit der Musterlösung eingesehen werden sollten. Sie enthalten einerseits die Resultate der Musterlösungen und zum anderen Hinweise zum Lösungsweg.

Das Konzept wurde auch bei dieser Neuauflage beibehalten. Die Inhalte sowie das Literaturverzeichnis wurden kritisch überarbeitet und aktualisiert. Für die Verbesserungsvorschläge der Leser möchten wir uns an dieser Stelle recht herzlich bedanken.

Für Anregungen, die der weiteren inhaltlichen und didaktischen Verbesserung des Repetitoriums dienen, sind wir dankbar.

Die Herausgeber

Volker Drosse   *Ulrich Vossebein*

Inhaltsverzeichnis

1. Einleitung 1

2. Materialwirtschaft 3
   2.1 Bedarfsplanung 5
       2.1.1 Materialsortimentsplanung 6
             2.1.1.1 Konstruktion 6
             2.1.1.2 Materialstandardisierung 6
             2.1.1.3 Materialnummerung 7
             2.1.1.4 ABC-Analyse 8
             2.1.1.5 Wertanalyse 10
       2.1.2 Materialbedarfsplanung 11
             2.1.2.1 Auftragsbezogene Materialbedarfsplanung 12
             2.1.2.2 Verbrauchsorientierte Materialbedarfs-
                      planung 15
   2.2 Einkauf 22
       2.2.1 Aufgabenbereich des Einkaufs 22
       2.2.2 Die optimale Bestellmenge 24
   2.3 Transport 29
   2.4 Lagerhaltung 30
       2.4.1 Aufgaben im Lager und Lagerfunktionen 31
       2.4.2 Materialdisposition 32
   Übungsaufgaben zum 2. Kapitel 35

3. Produktionsplanung 39
   3.1 Inhalte der Produktionsplanung 39
   3.2 Produktionsprogrammplanung 39
       3.2.1 Strategische Produktionsprogrammplanung 40
       3.2.2 Operative Produktionsprogrammplanung 41
   3.3 Produktionsablaufplanung 47
       3.3.1 Strategische Produktionsablaufplanung 48
             3.3.1.1 Organisationsformen der Fertigung 49
             3.3.1.2 Fertigungstypen 49

   3.3.1.3 Eigenfertigung oder Fremdbezug...................................54
  3.3.2 Operative Produktionsablaufplanung...54
   3.3.2.1 Faktoreinsatzplanung 55
   3.3.2.2 Losgrößenplanung..55
   3.3.2.3 Zeitliche Produktionsverteilungsplanung 57
   3.3.2.4 Zeitliche Ablaufplanung..59
Übungsaufgaben zum 3. Kapitel 61

4. Produktionstheorie 65
 4.1 Klassifizierung von Produktionsmodellen 65
  4.1.1 Faktorbeziehung..66
  4.1.2 Berücksichtigung der Zeit 68
  4.1.3 Konstanz der Umweltbedingungen 69
  4.1.4 Anzahl der produzierten Produktarten 69
  4.1.5 Anzahl der Fertigungsstufen 69
  4.1.6 Faktor-Produkt-Beziehung..70
 4.2 Produktionstheoretische Grundbegriffe..70
  4.2.1 Partialanalyse...71
   4.2.1.1 Partielle Ertragsfunktion 71
   4.2.1.2 Durchschnittsertrag 72
   4.2.1.3 Produktionskoeffizient 73
   4.2.1.4 Partielle Grenzproduktivität 74
   4.2.1.5 Partieller Grenzertrag 76
   4.2.1.6 Produktionselastizität 77
  4.2.2 Totalanalyse...79
   4.2.2.1 Totaler Grenzertrag 79
   4.2.2.2 Niveaugrenzproduktivität/Skalenerträge 80
   4.2.2.3 Skalenelastizität..83
   4.2.2.4 Homogene Produktionsfunktionen 85
  4.2.3 Weitere Grundbegriffe 88
   4.2.3.1 Das Ertragsgebirge 88
   4.2.3.2 Isoquanten...89
   4.2.3.3 Grenzrate der Substitution..91
 4.3 Substitutionale Produktionsfunktionen 94
  4.3.1 Produktionsfunktionen vom Typ A (Ertragsgesetz)...............94
  4.3.2 Cobb-Douglas-Produktionsfunktion 97

  4.3.3 Die Bedeutung substitutionaler Produktionsfunktionen für die industrielle Produktion 98
 4.4 Limitationale Produktionsfunktionen 98
  4.4.1 Leontief-Produktionsfunktion 99
  4.4.2 Produktionsfunktion vom Typ B............................101
   4.4.2.1 Grundidee 101
   4.4.2.2 Formale Ableitung...................................102
   4.4.2.3 Anpassungsmöglichkeiten an Nachfrageveränderungen 106
   4.4.2.4 Bewertung der Produktionsfunktion vom Typ B 108
  4.4.3 Die Bedeutung limitationaler Produktionsfunktionen für die industrielle Produktion 109
Übungsaufgaben zum 4. Kapitel 110

5. Kostentheorie 115
 5.1 Einflussfaktoren auf die Kostenhöhe................................115
 5.2 Verschiedene Kostenarten...116
  5.2.1 Fixkosten 116
   5.2.1.1 Nutz- und Leerkosten 118
   5.2.1.2 Sprungfixe Kosten...................................119
  5.2.2 Variable Kosten..121
  5.2.3 Grenzkosten..123
 5.3 Kostenfunktionen auf der Grundlage spezieller Produktionsfunktionen..124
  5.3.1 Der Kostenverlauf auf der Grundlage des Ertragsgesetzes...124
  5.3.2 Der Kostenverlauf auf der Grundlage der Produktionsfunktion vom Typ B 127
Übungsaufgaben zum 5. Kapitel 134

6. Bestimmung der optimalen Produktionsmenge 138
 6.1 Bestimmung der optimalen Produktionsmenge bei substitutionalen Produktionsfunktionen..................................138
 6.2 Die optimale Intensität 142
Übungsaufgaben zum 6. Kapitel 146

Tips zur Lösung der Übungsaufgaben 148

Musterlösungen zu den Übungsaufgaben 152

Literaturempfehlungen 172

Stichwortverzeichnis 173

1. Einleitung

Die Produktion stellt für jedes Unternehmen eine der zentralen Fragestellungen des unternehmerischen Handels dar. Hierbei wird unter Produktion nicht nur die Fertigung, das heißt die physische Erzeugung von Produkten, verstanden, sondern alle Tätigkeiten, die im Rahmen der Leistungserstellung des Unternehmens notwendig sind.

Produktion ist jede Kombination von Produktionsfaktoren bei der betrieblichen Leistungserstellung.

Durch diese begriffliche Erweiterung können die gewonnenen theoretischen Erkenntnisse zum Beispiel auch auf den Dienstleistungsbereich übertragen werden. Eine Ausdehnung des Begriffsinhalts auf alle Inputkombinationen, die in einem Unternehmen durchgeführt werden, erscheint dagegen nicht sinnvoll, da beispielsweise im Leistungsverwertungsbereich oder dem Personalbereich ganz andere Fragestellungen im Vordergrund stehen.

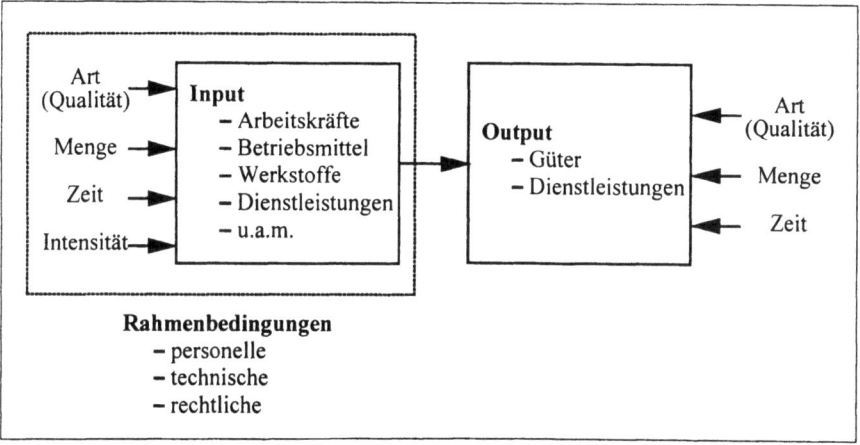

Abbildung 1.1: Hauptdeterminanten des Faktorverbrauchs und des Outputs

Eine der wesentlichen Aufgaben der Produktionstheorie ist die Entwicklung von Modellen, mit deren Hilfe in möglichst realistischer Art und

Weise die Produktionsprozesse erklärt werden können. Hierzu müssen die Inputfaktoren vollständig erfasst sowie deren Verbrauch im Produktionsprozess analysiert werden. Die Hauptdeterminanten auf den Inputverbrauch sowie die Ausbringungsmenge lassen sich - wie in Abbildung 1.1 dargestellt - zusammenfassen. Auf die einzelnen Einflussfaktoren wird in den folgenden Kapiteln ausführlich eingegangen.

Eine notwendige Voraussetzung effizienter Produktionsprozesse ist die zieladäquate Versorgung mit Inputfaktoren. Das Inputmanagement wird unter dem Begriff Materialwirtschaft zusammengefasst, wobei allerdings der Personalbereich nicht integriert wird. Die Zielvorgaben für die Materialwirtschaft stehen in engem Zusammenhang mit den Entscheidungen aus dem Produktionsbereich, da dort die Mengenanforderungen erarbeitet werden. Auf der anderen Seite müssen aber auch in der Produktionsplanung die Möglichkeiten und Grenzen der Materialwirtschaft berücksichtigt werden, da ohne die Versorgung mit den entsprechenden Inputfaktoren keine Produktion möglich ist.

Als Erweiterung der rein mengenorientierten Produktionstheorie erfolgt im Rahmen der Kostentheorie durch die Bewertung der Inputfaktoren eine wertmäßige Behandlung der Problematik. Zielsetzung ist es, aufzuzeigen, wie die notwendigen Outputmengen mit minimalen Kosten produziert werden können. Hierzu muss zunächst eine detaillierte Aufteilung der Gesamtkosten auf die unterschiedlichen Kostenverursacher (Inputfaktoren) erfolgen.

2. Materialwirtschaft

Das Aufgabengebiet der Materialwirtschaft wird sowohl in der Theorie als auch in der Praxis recht unterschiedlich beschrieben. Einerseits werden unter diesem Begriff nur die Beschaffung und der Einkauf von Materialien und Handelswaren gesehen, andererseits geht man soweit, dass neben der Beschaffung und Verteilung von Produktionsfaktoren (vgl. Abbildung 2.1) und Handelswaren auch die Entsorgung nicht mehr benötigter Güter und Abfälle sowie die Verteilung der Endprodukte und Handelsware an den Kunden als Aufgaben der Materialwirtschaft angesehen werden. Ausgenommen hiervon wird nur die menschliche Arbeitskraft sowohl im Bereich der objektbezogenen Arbeit als auch als dispositiver Faktor. Die Einstellung sowie die Weiterentwicklung des Personals obliegt in der Regel der Personalabteilung, die diese Aufgaben in Absprache mit den Fachabteilungen durchführt.

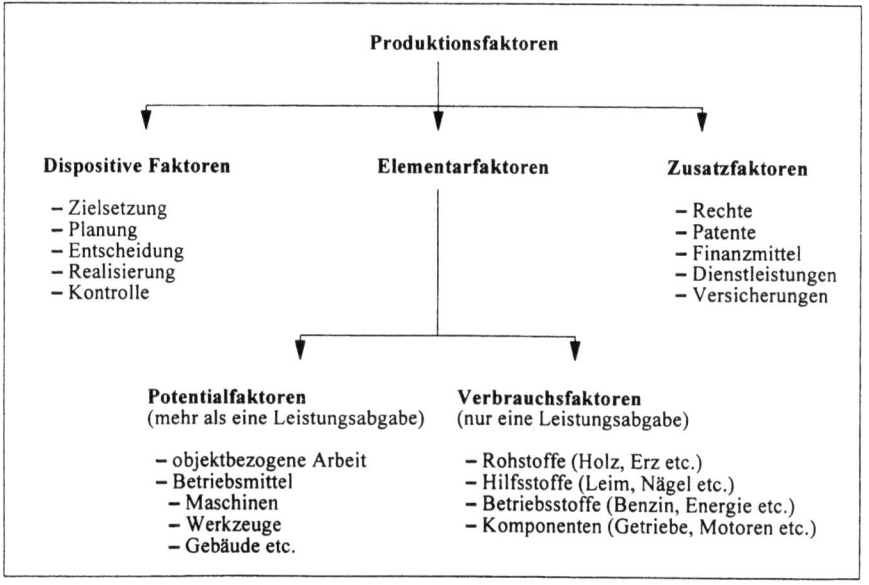

Abbildung 2.1: Produktionsfaktoren

Dieser umfassenden, aber in der Praxis nur in Ausnahmefällen vorzufindenden Definition wird hier nicht gefolgt. Statt dessen werden die Aufgaben der Materialwirtschaft wie folgt festgelegt (vgl. Abbildung 2.2):

Die Materialwirtschaft hat die Aufgabe, den Bedarf an Materialien und Handelswaren wirtschaftlich zu decken sowie für eine angemessene Entsorgung nicht mehr benötigter Materialien, Handelswaren und Produkte zu sorgen.

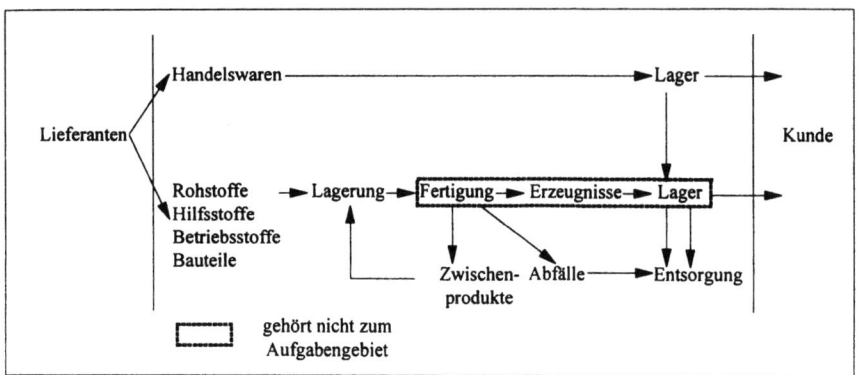

Abbildung 2.2: Aufgabengebiet der Materialwirtschaft

Materialien sind Roh-, Hilfs- und Betriebsstoffe sowie Komponenten, die wiederum in die extern bezogenen Bauteile und die im eigenen Betrieb produzierten Zwischenprodukte (= Baugruppen) unterteilt werden können.

Materialien sind alle Verbrauchsfaktoren, die zur Herstellung anderer Güter eingesetzt werden.

Handelswaren sind Güter, die zur Abrundung des eigenen Produktionsprogramms beschafft werden, um sie unverändert an Endkunden zu verkaufen. Obwohl es sich hierbei um fertige Produkte und keine Materialien handelt, werden die Aktivitäten - außer dem Vertrieb - im Zusammenhang mit diesen Sachgütern üblicherweise der Materialwirtschaft zugeordnet.

Die Aufgaben der Materialwirtschaft können in vier große Bereiche unterteilt werden (vgl. Abbildung 2.3). Im Rahmen der Beschaffung muss einerseits die Bedarfsplanung, andererseits die eigentliche Beschaffung durch den Einkauf erfolgen. Der Einkauf wird hierbei als operative Einheit angesehen, die die administrativen Aufgaben im Rahmen der Beschaffung übernimmt. Der Transport bezieht sich sowohl auf den inner- als auch auf den außerbetrieblichen Transport sowie den Materialfluss zwischen den einzelnen Produktionsstufen. In den Aufgabenbereich des Lagers -besser der Lagerverwaltung- fallen zum Beispiel die Frage nach der Art des Lagers, die Materialdisposition oder die Materialrechnung. Die Entsorgung von nicht mehr benötigten Materialien, Handelswaren und Produkten gewinnt im Rahmen der Materialwirtschaft zwar immer mehr an Bedeutung, soll hier aber aufgrund der vielfältigen technischen und rechtlichen Besonderheiten nicht weiter vertieft werden.

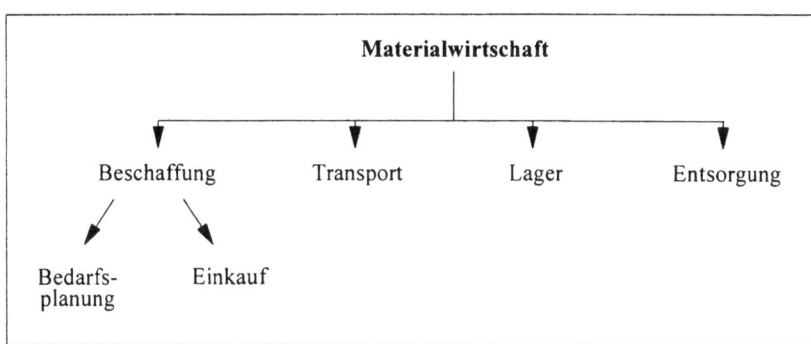

Abbildung 2.3: Aufgaben der Materialwirtschaft

Das Ziel der Materialwirtschaft ist die Optimierung des Materialflusses, um sicherzustellen, dass das richtige Material in den richtigen Mengen zur richtigen Zeit am richtigen Ort ist, wobei diese Anforderungen mit den geringst möglichen Kosten erfüllt werden sollen.

2.1 Bedarfsplanung

Die Bedarfsplanung beschäftigt sich nicht nur mit der Frage, welche Güter beschafft werden sollen, sondern auch im Rahmen der Bedarfsrechnung mit den Bedarfsmengen sowie den Bedarfsterminen. Ausgangspunkt der Bedarfsplanung sind die Kundenwünsche, aus denen sich die Anforderungen der Produktion und daraus abgeleitet die Aufgabenstellung der Bedarfsplanung ergeben. Die Bedarfsplanung umfasst zwei Aufgabengebiete, da neben der Materialbedarfsplanung zunächst die Materialsortimentsplanung erfolgen muss.

2.1.1 Materialsortimentsplanung

Die Zielsetzung der Materialsortimentsplanung ist es, die Kundenwünsche mit den Materialsorten zu befriedigen, die die niedrigsten Kosten verursachen. Zur Erfüllung dieses Ziels können u.a. die in Abbildung 2.4 aufgezeigten Instrumente eingesetzt werden.

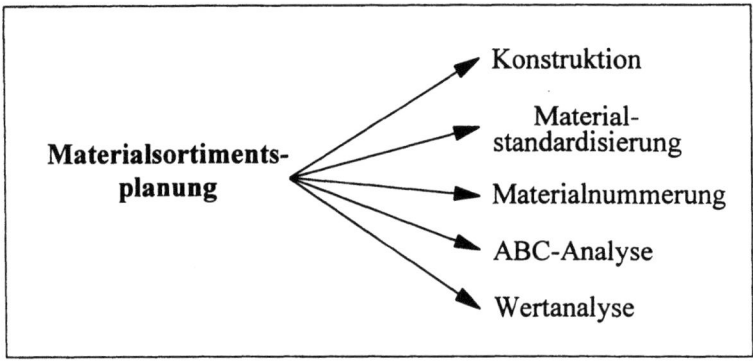

Abbildung 2.4: Materialsortimentsplanung

2.1.1.1 Konstruktion

Die Konstruktionsabteilung legt unter Berücksichtigung der Kundenanforderungen und der technischen Möglichkeiten fest, welche Materialien zur Produktion der Produkte erforderlich sind. Somit besteht in diesem Bereich das größte Potential, Materialien wirtschaftlicher einzusetzen bzw. kostengünstigere Lösungen zu definieren.

2.1.1.2 Materialstandardisierung

Die Materialstandardisierung umfasst auf der einen Seite die Normung der Materialien, auf der anderen Seite die Typung, d.h. die Standardisierung der Fertigprodukte. In beiden Bereichen konnten in den letzten Jahren erhebliche Einsparungsmöglichkeiten genutzt werden.

Normung bedeutet, dass die relevanten Eigenschaften von Materialien festgelegt werden, was sowohl zu Kosteneinsparungen als auch zu Produktivitätssteigerungen führt. In der Bundesrepublik Deutschland wird die überbetriebliche Normung durch das „Deutsche Institut für Normung e.V." (DIN) durchgeführt, wobei Normung in der DIN 820 folgendermaßen definiert wird:

„Normung ist die planmäßige, durch die interessierten Kreise gemeinschaftlich durchgeführte Vereinheitlichung von materiellen und immateriellen Gegenständen zum Nutzen der Allgemeinheit."

Im internationalen Bereich erfolgt die Aufstellung von Normen in erster Linie durch die International Standardization Organization (ISO) bzw. das Comité Européen de Normalisation (CEN). Weitere wichtige Institutionen sind die großen Industrieverbände wie zum Beispiel der Verband Deutscher Ingenieure (VDI) oder der Verband der Deutschen Elektrotechniker (VDE).

Die Produkttypung hat die Zielsetzung, das Angebotsprogramm auf die wichtigsten Produkte zu reduzieren. Um trotzdem die immer individuelleren Kundenwünsche befriedigen zu können, produziert man in vielen Unternehmen mit Hilfe eines Baukastensystems, das heißt, aus einer Gruppe von Einzelteilen werden unterschiedliche Endprodukte gefertigt. Diese Vorgehensweise hat beispielsweise in der Automobilindustrie zu großen Kosteneinsparungen geführt.

2.1.1.3 Materialnummerung

Die Forderung nach einer Materialnummerung klingt zunächst trivial, erweist sich in der Praxis aber vielfach als eine recht komplexe Aufgabenstellung. Das Ziel ist es, alle Materialien so zu kennzeichnen, dass sie problemlos identifiziert und klassifiziert werden können. Das häufig anzutreffende Durchnummerieren der einzelnen Materialien erlaubt zwar eine Identifizierung aber keine Klassifizierung des Materials.

Beispiel 2.1: Einfache Materialnummerung

    Kupferdraht, 5 mm Durchmesser   Nummer: 2039
    Messingdraht, 5 mm Durchmesser   Nummer: 3981
    Kupferdraht, 7 mm Durchmesser   Nummer: 4987

Besser ist in diesem Fall die Verwendung einer klassifizierenden Nummerierung, wie sie in nachfolgendem Beispiel dargestellt ist.

Beispiel 2.2: Klassifizierende Materialnummerung

    Kupferdraht, 5 mm Durchmesser   Nummer: 4 12 23 12 5 3 9
    Messingdraht, 5 mm Durchmesser   Nummer: 4 12 25 12 5 3 9
    Kupferdraht, 7 mm Durchmesser   Nummer: 4 12 23 14 5 3 9

Hierbei bedeuten:

4	Materialhauptgruppe (4 = Hilfsstoffe)
12	Materialgruppe (12 = Draht)
23/25	Materialstoff (23 = Kupfer; 25 = Messing)
12/14	Durchmesser (12 = 5 mm; 14 = 7 mm)
5	Lagerstätte (5 = Lagerstätte 5)
3	Bestellverfahren (3 = Bestellung anhand des Bestellbestands)
9	Einkaufsabteilung (9 = Einkaufsabteilung 9)

Anhand der einzelnen Nummern können eine Vielzahl von Analysen durchgeführt werden. Der Aufbau des klassifizierenden Nummernschlüssels muss für jedes Unternehmen individuell erfolgen, damit alle aus der Sicht des Unternehmens relevanten Informationen aus den Nummern abgelesen und weiterverarbeitet werden können. Die Nummerung kann sowohl nur aus Ziffern bestehen (numerische Nummerung) als auch aus Ziffern und Buchstaben (alphanumerische Nummerung).

2.1.1.4 ABC-Analyse

Mit Hilfe der ABC-Analyse wird eine Klassifizierung der Materialien in bezug auf ihre wertmäßige Bedeutung vorgenommen. Hierdurch soll weniger das Sortiment verändert, als vielmehr die zur Verfügung stehenden Kapazitäten auf jene Materialien konzentriert werden, bei denen eine Fehlplanung die höchsten Kosten verursacht. Zum Aufbau einer ABC-Analyse werden zunächst alle Materialien nach ihrem Wert sortiert, wobei die Bewertung der extern beschafften Materialien durch den Einkaufspreis, bei Zwischenprodukten durch die Herstellkosten erfolgt. In Tabelle 2.1 ist das Ergebnis einer ABC-Analyse tabellarisch, in Abbildung 2.5 graphisch dargestellt.

Tabelle 2.1: Tabellarische ABC-Analyse

Material-gruppe	Anzahl der Materialien	Anteil in %	kum. Anteil in %	wertmäßiger Verbrauch in DM	Anteil in %	kum. Anteil in %
A	70	10	10	600.000	60	60
B	175	25	35	250.000	25	85
C	455	65	100	150.000	15	100
Summe	700	100		1.000.000	100	

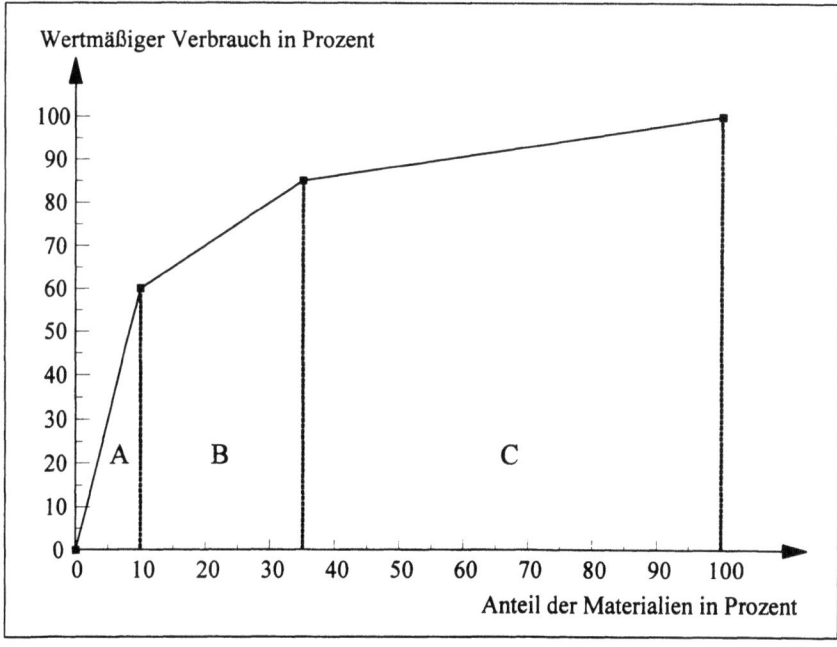

Abbildung 2.5: ABC-Analyse

Der Betrachtungszeitraum, über den eine ABC-Analyse durchgeführt wird, beträgt in der Regel ein Jahr, kann aber unternehmensindividuell festgelegt werden. Die Übergänge zwischen den unterschiedlichen Kategorien sind in der Industrie fließend, da eine exakte Bestimmung mit Hilfe einer Kosten-Nutzen-Analyse praktisch nicht durchführbar ist. Beim Einsatz einer ABC-Analyse ist zu beachten, dass die Einteilung anhand der wertmäßigen Bedeutung nur ein Gesichtspunkt der Materialklassifizierung ist und durch andere Analysen, wie zum Beispiel die Frage nach der Bestellzeit oder den negativen Effekten fehlender Mengen, ergänzt werden muss.

2.1.1.5 Wertanalyse

Das Ziel der Wertanalyse ist es, dass nur die Materialien eingesetzt werden, die zur Befriedigung der Kundenwünsche unbedingt notwendig sind. Alle Funktionen, die das Produkt aufweist, der Kunde aber nicht benötigt, müssen entfernt werden, weil dadurch Kosten entstehen, denen kein entsprechender Ertrag gegenüber steht. Bei der Definition des Begriffs Wertanalyse soll hier der „Society of American Value Engineering" (S.A.V.E.) gefolgt werden:

Wertanalyse ist die systematische Anwendung bewährter Techniken zur Ermittlung der Funktionen eines Erzeugnisses oder einer Arbeit, zur Bewertung der Funktionen und zum Auffinden von Wegen, um die notwendigen Funktionen mit den geringsten Gesamtkosten verlässlich zu erfüllen.

Der Ablauf einer Wertanalyse ist in der DIN 69910 beschrieben (vgl. Tabelle 2.2).

Aufgrund der Komplexität dieser Aufgabe kann die Wertanalyse nicht von einer Abteilung, sondern nur von Wertanalyseteams durchgeführt werden. In diesen Teams sollten alle Abteilungen vertreten sein, die mit dem Wertanalyseobjekt in Verbindung stehen. Darüber hinaus müssen diese Teams mit ausreichenden Kompetenzen ausgestattet werden.

Tabelle 2.2: Ablauf einer Wertanalyse nach DIN 69910

Grundschritt 1: Vorbereitende Maßnahmen	Teilschritt 1: Auswählen des WA-Objektes und Stellen der Aufgabe Teilschritt 2: Festlegen des quantifizierten Zieles Teilschritt 3: Bilden der Arbeitsgruppen Teilschritt 4: Planen des Ablaufs
Grundschritt 2: Ermitteln des Ist-Zustands	Teilschritt 1: Informationen beschaffen und beschreiben des WA-Objektes Teilschritt 2: Beschreiben der Funktionen Teilschritt 3: Ermitteln der Funktionskosten
Grundschritt 3: Prüfen des Ist-Zustands	Teilschritt 1: Prüfung der Funktionserfüllung Teilschritt 2: Prüfen der Kosten
Grundschritt 4: Ermitteln von Lösungen	Suchen nach allen denkbaren Lösungen
Grundschritt 5: Prüfen der Lösungen	Teilschritt 1: Prüfen der sachlichen Durchführbarkeit Teilschritt 2: Prüfen der Wirtschaftlichkeit
Grundschritt 6: Vorschlag und Verwirklichung der Lösung	Teilschritt 1: Auswählen der Lösung(en) Teilschritt 2: Empfehlen der Lösung Teilschritt 3: Verwirklichen der Lösung

2.1.2 Materialbedarfsplanung

Im Gegensatz zur Materialsortimentsplanung geht es bei der Materialbedarfsplanung um den konkreten Bedarf an Materialien in einer Periode, wobei man zwischen der auftragsbezogenen und der verbrauchsorientierten Bedarfsplanung unterscheiden kann:

- **Auftragsbezogene (deterministische) Bedarfsplanung**
  Anhand von konkreten Aufträgen wird der Bedarf ermittelt.

- **Verbrauchsorientierte (stochastische) Bedarfsplanung**

Bei dieser Art der Bedarfsplanung wird versucht, den zukünftigen Verbrauch mit Hilfe der Vergangenheitsverbräuche zu prognostizieren.

Einen besonders hohen Stellenwert hat die Materialbedarfsplanung in den Fällen, in denen ein Just-in-time-System vorliegt. Dies bedeutet, dass mit den Lieferanten eine einsatzsynchrone Anlieferung vertraglich festgelegt wird, so dass die angelieferten Produktionsfaktoren von der Warenannahme direkt der Fertigung zugeführt werden.

2.1.2.1 Auftragsbezogene Materialbedarfsplanung

Die auftragsbezogene (deterministische) Materialbedarfsplanung, bei der die Planung des Materialbedarfs erst nach Auftragserteilung beginnt, stützt sich in der Regel auf Stücklisten.

Stücklisten sind Listen, die sämtliche Angaben über die für die Erzeugung eines Produkts oder für die Durchführung eines Auftrags benötigten Materialien enthalten.

Aus der Vielzahl von möglichen Stücklisten wird nachfolgend auf die Baukasten- und die Strukturstücklisten näher eingegangen. Bei der Baukastenstückliste wird für jede Baugruppe eine eigene Stückliste aufgestellt, die jeweils den Materialbedarf für die Produktion einer Einheit der nächsthöheren Fertigungsstufe enthält. Zur Verdeutlichung der Produktionsstrukturen kann man unterschiedliche Darstellungsarten wählen. In Abbildung 2.6 ist die Produktion zum Beispiel nach den verschiedenen Fertigungsstufen aufgeteilt, wobei die Nummerierung der Fertigungsstufen üblicherweise mit der Fertigungsstufe 0 (= Endprodukt) beginnt.

In den Knoten stehen die Materialien bzw. das Endprodukt, wohingegen an den Kanten der jeweilige Materialbedarf für die nächsthöhere Fertigungsstufe angegeben ist. Diese Art der Darstellung wird als Erzeugnisbaum bezeichnet.

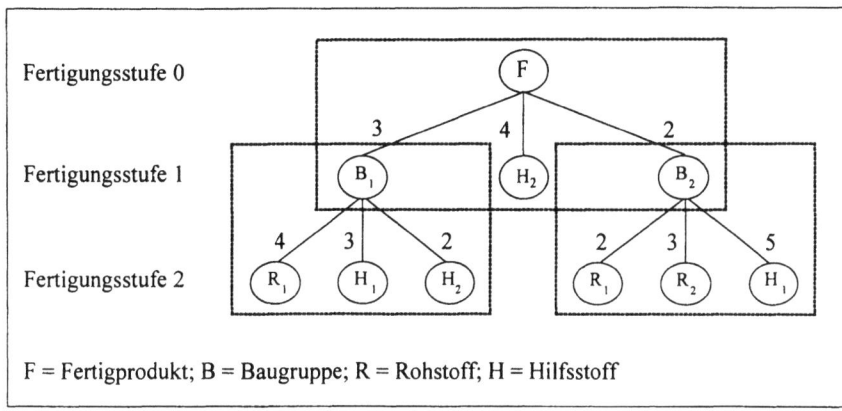

Abbildung 2.6: Erzeugnisbaum nach Fertigungsstufen

Eine weitere Möglichkeit, die Strukturen der Produktion aufzuzeigen, ist die Darstellung des Erzeugnisbaumes nach Dispositionsstufen (vgl. Abbildung 2.7). Für die Aufschlüsselung nach Dispositionsstufen spricht, dass in der Regel bestimmte Materialien für einen Auftrag nur einmal disponiert werden, unabhängig davon, auf welcher Fertigungsstufe sie benötigt werden, um die Vorteile der größeren Einkaufsmengen nutzen zu können.

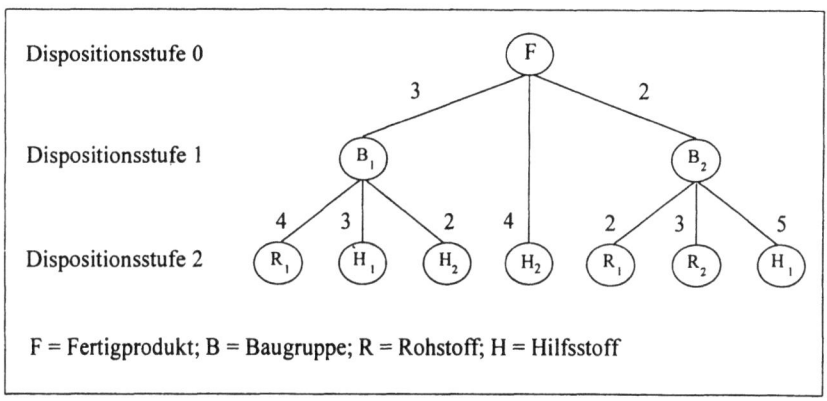

Abbildung 2.7: Erzeugnisbaum nach Dispositionsstufen

Anhand von Abbildung 2.6 wird deutlich, dass zur Produktion einer Einheit des Endprodukts drei Einheiten der Baugruppe 1, zwei Einheiten der Baugruppe 2 und vier Einheiten des Hilfsstoffs 2 benötigt werden. Zur Produktion einer Einheit der Baugruppe 1 sind vier Einheiten des Rohstoffs 1, drei Einheiten des Hilfsstoffs 1 und 2 Einheiten des Hilfsstoffs 2 notwendig. Der Bedarf für eine Einheit der Baugruppe 2 beträgt zwei Einheiten R_1, 3 Einheiten R_2 und 5 Einheiten von H_1. Damit ergeben sich folgende Baukastenstücklisten (Tabelle 2.3).

Tabelle 2.3: Baukastenstückliste für die Baugruppen B_1, B_2 und F

Baukastenstückliste B_1		Baukastenstückliste B_2		Baukastenstückliste F	
Material-Nr.	Menge	Material-Nr.	Menge	Material-Nr.	Menge
R_1	4	R_1	2	B_1	3
H_1	3	R_2	3	B_2	2
H_2	2	H_1	5	H_2	4

Der Vorteil der Baukastenstücklisten ist darin zu sehen, dass immer, wenn eine bestimmte Baugruppe benötigt wird, die entsprechende Baukastenstückliste in die Planung integriert werden kann, unabhängig von der konkreten Produktion. Nachteilig ist dagegen, dass die Baukastenstücklisten keinen Überblick über die insgesamt benötigten Materialien zur Produktion eines bestimmten Endprodukts erlauben. Aus diesem Grund werden zusätzlich zu den Baukasten- die Strukturstücklisten erstellt.

In den Strukturstücklisten sind die einzelnen Baukastenstücklisten zusammengefasst, wodurch sich der Gesamtbedarf zur Produktion des Endprodukts leichter ersehen lässt (vgl. Tabelle 2.4).

In der Strukturstückliste nach Fertigungsstufen beziehen sich die Mengenangaben auf die Produktion jeweils einer Einheit der Baugruppen oder Endprodukte auf der nächsthöheren Fertigungsstufe. Erfolgt die Aufteilung nach den Dispositionsstufen, beziehen sich die Mengenangaben auf die Produktion einer Einheit des Endprodukts. Der Bedarf von 8 Einheiten von H_1 auf der Fertigungsstufe 2 ergibt sich beispielsweise aus drei Einheiten für die Baugruppe B_1 und 5 Einheiten für die Baugruppe B_2.

Zur Bestimmung der Gesamtbeschaffungsmenge für einen Auftrag müssen die Angaben aus den Stücklisten nur noch mit der Anzahl der benötigten

Tabelle 2.4: Strukturstücklisten nach Fertigungs- und nach Dispositionsstufen

Strukturstückliste nach Fertigungsstufen			Strukturstückliste nach Dispositionsstufen		
Fertigungsstufe	Materialnummer	Menge	Disposit.-Stufe	Materialnummer	Menge
Fert.-Stufe 1	B_1	3	Disposit.-Stufe 1	B_1	3
Fert.-Stufe 1	B_2	2	Disposit.-Stufe 1	B_2	2
Fert.-Stufe 1	H_2	4	Disposit.-Stufe 2	R_1	16
Fert.-Stufe 2	R_1	6	Disposit.-Stufe 2	R_2	6
Fert.-Stufe 2	R_2	3	Disposit.-Stufe 2	H_1	19
Fert.-Stufe 2	H_1	8	Disposit.-Stufe 2	H_2	10
Fert.-Stufe 2	H_2	2			

Endprodukte multipliziert werden. Die Frage, wann die Disposition erfolgen muss, hängt davon ab, wie lange der Vorlauf auf den einzelnen Fertigungsstufen ist. Verfügt das Unternehmen noch über Lagerbestände, dann weicht der Nettobedarf um diese Mengeneinheiten vom Bruttobedarf ab.

2.1.2.2 Verbrauchsorientierte Materialbedarfsplanung

Die verbrauchsorientierte (stochastische) Materialbedarfsplanung beruht auf Erfahrungswerten aus der Vergangenheit. Für die Extrapolation der Vergangenheitswerte muss zunächst ein Bedarfsmodell generiert werden, das den generellen Verlauf der Bedarfsentwicklung angibt. Mögliche Bedarfsmodelle sind in Abbildung 2.8 graphisch dargestellt.

Im folgenden werden die Verfahren

a) einfacher Mittelwert,
b) gleitender Durchschnitt,
c) exponentielle Glättung 1. Ordnung und die
d) Trendberechnung

näher beschrieben.

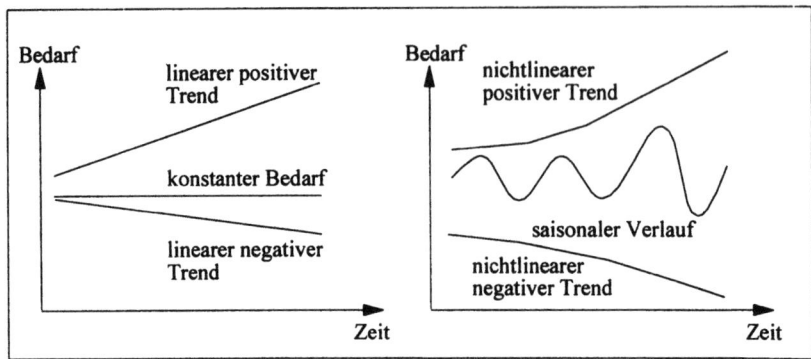

Abbildung 2.8: Alternative Bedarfsmodelle

a) Einfacher Durchschnitt

Bei diesem Verfahren berechnet sich der Prognosewert für die nächste Periode als Durchschnitt der bisher aufgetretenen Bedarfe. Dieses Verfahren liefert aber nur bei einem relativ konstanten Bedarfsverlauf verwertbare Prognosewerte.

Einfacher Durchschnitt: $\quad b^o_{t+1} = \dfrac{1}{n} * \sum\limits_{t=1}^{n} b_t$

b^o = Prognosewert
n = Anzahl der Vergangenheitsperioden
t = Zeitindex
b = tatsächlicher Bedarf

b) Gleitender Durchschnitt

Beim Verfahren der gleitenden Durchschnitte wird unterstellt, dass immer nur eine begrenzte Anzahl von Vergangenheitswerten für die Prognose berücksichtigt werden sollten. Der Vorteil ist darin zu sehen, dass damit die Aktualität der Prognose verbessert sowie der Rechenaufwand deutlich reduziert wird. Ob die letzten drei, vier, fünf oder sechs Perioden bei der Berechnung mit einfließen, muss von Fall zu Fall entschieden werden. Zur weiteren Erhöhung der Aktualität der Prognose können die einzelnen Perioden gewichtet werden.

Gleitender Durchschnitt: $\quad b_{t+1}^o = \sum_{t=n-2}^{n} b_t * g_t$

b^o = Prognosewert
n = Anzahl der Vergangenheitsperioden
t = Zeitindex (obige Formel bezieht sich auf einen 3er-Durchschnitt)
b = tatsächlicher Bedarf
g = Gewichtungsfaktor (vgl. Beispiel 2.4)

c) Exponentielle Glättung 1. Ordnung

Das Verfahren der exponentiellen Glättung 1. Ordnung beruht auf der Idee, dass die Bedeutung eines Vergangenheitswertes um so größer ist, je näher er zum aktuellen Entscheidungszeitpunkt liegt. Durch den Aufbau der Berechnungsformel - auf die Herleitung der Formel soll an dieser Stelle verzichtet werden - ergibt sich, dass zur Berechnung des Prognosewertes nur die Werte aus der Vorperiode benötigt werden, wodurch der Rechenaufwand sehr stark verringert wird. Durch die Wahl des Glättungsparameters α kann die Gewichtung der Vorperiodenwerte verändert werden. Ein großer Wert für α bedeutet, dass die jüngsten Werte ein hohes Gewicht bei der Prognose haben, mit einem kleinen α wird dagegen die Bedeutung der weiter zurückliegenden Werte gesteigert.

Exponentielle Glättung 1. Ordnung: $\quad b_{t+1}^o = b_t^o + \alpha * \left(b_t - b_t^o \right)$

b^o = Prognosewert
t = Zeitindex
α = Glättungsparameter
b = tatsächlicher Bedarf

Zur Berechnung des Startwertes kann man zum Beispiel davon ausgehen, dass in der ersten Periode kein Prognosefehler aufgetreten ist. Das Verfahren der exponentiellen Glättung 1. Ordnung ist aber ebenso wie die zuvor besprochenen Prognoseverfahren nicht in der Lage, einen Trend im Bedarfsverlauf zufriedenstellend zu prognostizieren, da die tatsächlichen Werte entweder permanent unter- (positiver Trend) oder überschätzt (negativer Trend) werden.

d) Trendberechnung

Nachdem zunächst drei Verfahren vorgestellt wurden, mit deren Hilfe ein relativ gleichmäßiger Verbrauch gut prognostiziert werden kann, soll nun eine Methode beschrieben werden, die es erlaubt, auch lineare Trends abzubilden. Auf Verfahren, mit denen man nichtlineare Trends erfassen kann, wird an dieser Stelle nicht eingegangen.

Die Berechnung einer linearen Trendfunktion erfolgt in der Regel mit Hilfe der Methode der kleinsten Quadrate. Der Bedarf ist hierbei die abhängige und die Zeit die unabhängige Variable.

Lineare Trendfunktion: $\quad b_t^o = k + s * t_t$

b^o = Prognosewert
t = Zeitpunkt bzw. Zeitindex
s = Steigungsmaß der Trendfunktion

$$s = \frac{\sum_{t=1}^{n} b_t * t_t - n * \overline{b_t} * \overline{t_t}}{\sum_{t=1}^{n} t_t^2 - n * \overline{t_t}^2}$$

k = konstantes Glied der Trendfunktion
$$k = \overline{b_t} - s * \overline{t_t}$$

b = tatsächlicher Bedarf

$\bar{b}$ = Durchschnitt des tatsächlichen Bedarfs
$\bar{t}$ = Durchschnitt des Zeitindexes

Der Wert k ist ein theoretischer Wert, dessen inhaltliche Interpretation in diesem Zusammenhang nicht möglich ist. S gibt dagegen an, um wie viele Einheiten sich der Bedarf von Periode zu Periode verändert.

Beispiel 2.3: Trendberechnung

Der Prognosewert für den Monat Juli soll mit Hilfe einer Trendfunktion bestimmt werden (vgl. Tabelle 2.5).

Tabelle 2.5: Arbeitstabelle zur Berechnung der Trendfunktion

Monat	Zeitpunkt t_t	Bedarf b_t	Bedarf * Zeitindex $b_t * t_t$	Zeitindex quadriert t_t^2
Januar	1	70	70 * 1 = 70	1 * 1 = 1
Februar	2	90	90 * 2 = 180	2 * 2 = 4
März	3	80	80 * 3 = 240	3 * 3 = 9
April	4	110	110 * 4 = 440	4 * 4 = 16
Mai	5	130	130 * 5 = 650	5 * 5 = 25
Juni	6	120	120 * 6 = 720	6 * 6 = 36
Summe	21	600	2300	91
Durchschnitt	21 / 6 = 3,5	600 / 6 = 100		

Mit Hilfe der Ergebnisse aus Tabelle 2.5 ergeben sich folgende Werte:

$$s = \frac{2300 - 6*100*3,5}{91 - 6*3,5^2} = 11,43$$

$k = 100 - 11,43*3,5 = 60$

Die Trendfunktion lautet somit: $b_t^o = 60 + 11,43 * t_t$

In Tabelle 2.6 sind die Prognosewerte für die verschiedenen Perioden berechnet. Graphisch ergibt sich der in Abbildung 2.9 dargestellte Zusammenhang.

Tabelle 2.6: Arbeitstabelle zur Berechnung der Prognosewerte mit Hilfe der linearen Trendfunktion

Monat	Zeitpunkt	Bedarf b_t	Prognosewert b_t^o	Prognosefehler $b_t - b_t^o$
Januar	1	70	60 + 11,43 * 1 = 71,43	-1,43
Februar	2	90	60 + 11,43 * 2 = 82,86	+7,14
März	3	80	60 + 11,43 * 3 = 94,29	-14,29
April	4	110	60 + 11,43 * 4 = 105,72	+4,28
Mai	5	130	60 + 11,43 * 5 = 117,15	+12,85
Juni	6	120	60 + 11,43 * 6 = 128,58	-8,58
Juli	7		60 + 11,43 * 7 = 140,01	
August	8		60 + 11,43 * 8 = 151,44	

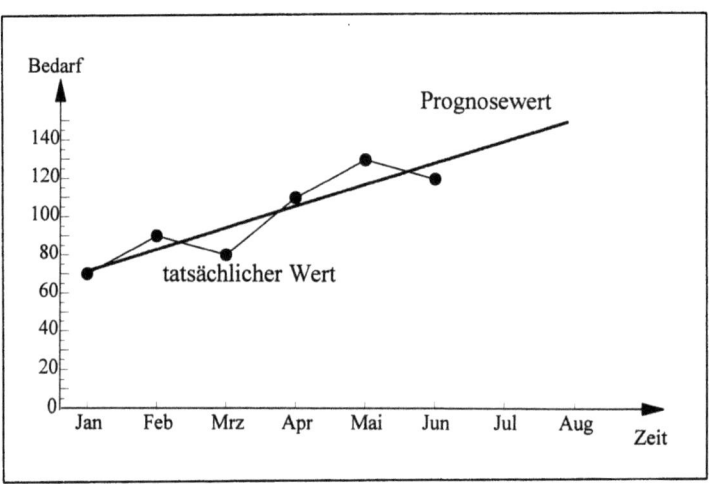

Abbildung 2.9: Prognose mit Hilfe einer linearen Trendfunktion

Ein Vorteil dieses Verfahrens gegenüber den anderen bisher besprochenen Prognoseverfahren ist neben der Möglichkeit zur Abbildung linearer

Trends darin zu sehen, dass mit der Trendfunktion nicht nur der Bedarf für die nächste Periode, sondern für beliebig viele Perioden prognostiziert werden kann, die um so besser sind, je gleichförmiger die Entwicklung des Bedarfs in der Zukunft ist.

e) Zusammenfassung

Ein Vergleich der hier vorgestellten Prognoseverfahren soll anhand des nachfolgenden Beispiels durchgeführt werden. Bereits an dieser Stelle kann festgehalten werden, dass es keine optimale Methode gibt, sondern man je nach Situation das Verfahren einsetzen muss, das bei den gegebenen Rahmenbedingungen die besten Ergebnisse liefert.

Beispiel 2.4: Vergleich unterschiedlicher Prognoseverfahren

Für die Monate Januar bis Juli sollen - soweit möglich- mit Hilfe des einfachen Mittelswerts, des gleitenden 3-er Durchschnitts mit den Gewichtungsfaktoren $g_t = 0{,}5$, $g_{t-1} = 0{,}3$ und $g_{t-2} = 0{,}2$, der exponentiellen Glättung 1. Ordnung ($\alpha = 0{,}2$) sowie der Trendfunktion die Prognosewerte berechnet werden.

Tabelle 2.7: Vergleich unterschiedlicher Prognoseverfahren

Monat	Bedarf	Einf. Mittelwert	Gleit. 3-er Durchschnitt	Exp. Glätt. $\alpha = 0{,}2$	Trendfunktion
Januar	70			70,0	71,43
Februar	90	70,0		70,0	82,86
März	80	80,0		74,0	94,29
April	110	80,0	81	75,2	105,72
Mai	130	87,5	97	82,2	117,15
Juni	120	96,0	114	91,7	128,58
Juli		100,0	121	97,4	140,01

2.2 Einkauf

2.2.1 Aufgabenbereich des Einkaufs

Die Einkaufsabteilung ist in den meisten Unternehmen für die formale Bestellung der Güter und Dienstleistungen sowie deren ordnungsgemäße Anlieferung zuständig. Darüber hinaus übernimmt diese Abteilung das Recycling nicht mehr benötigter Materialien und Betriebsmittel. Insgesamt lässt sich das Aufgabengebiet des Einkaufs, wie in Abbildung 2.10 dargestellt, charakterisieren.

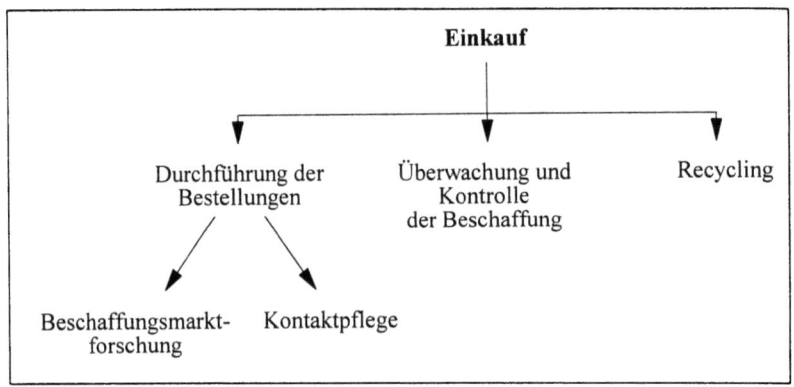

Abbildung 2.10: Aufgabengebiet des Einkaufs

Als Vorbereitung auf die konkreten Anfragen aus anderen Abteilungen hat die Einkaufsabteilung Informationen zu sammeln und aufzuarbeiten, um für jeden Bedarf möglichst einen passenden Lieferanten benennen zu können. Diese Aufgabe wird als Beschaffungsmarktforschung bezeichnet und verwendet im wesentlichen die gleichen Instrumente wie die Absatzmarktforschung. Die Bewertung unterschiedlicher Lieferanten wird in der Regel mit einem Punktbewertungsschema (vgl. Tabelle 2.8) durchgeführt. Die Wahl der Gewichtungen sowie der Bewertungsskala muss unternehmensspezifisch festgelegt werden.

Beispiel 2.5: Bewertung von Lieferanten

Anhand eines Punktbewertungsschemas soll die Bewertung zweier Lieferanten durchgeführt werden (vgl. Tabelle 2.8).

Tabelle 2.8: Punktbewertungsschema zur Bewertung von Lieferanten

Bewertungs-kriterium	Gew.	Bew. A	gew. Bew. A	Bew. B	gew. Bew. B
Zuverlässigkeit	0,15	6	0,95	5	0,75
Lieferzeit	0,10	7	0,70	9	0,90
Konditionen	0,10	3	0,30	7	0,70
Zusatzleistungen	0,05	5	0,25	3	0,15
Qualität der Waren	0,25	9	2,25	5	1,25
Dispositionssystem	0,05	5	0,25	6	0,30
Sortimentseffekte	0,10	6	0,60	3	0,30
Preise	0,20	2	0,40	8	1,60
u.s.w.					
Summe	1,00		5,70		5,95

Aufgrund der Bewertung in Tabelle 2.8 sollte sich das Unternehmen für Lieferant B entscheiden. Lieferant B erreichte eine gewichtete Bewertung von 5,95 gegenüber 5,70 für Lieferant A. Die Gewichtungsfaktoren werden in der Regel so gewählt, dass ihre Summe den Wert 1 ergibt. Die Bewertung reichte in dem Beispiel von 1 (ungenügend) bis 10 (sehr gut).

Im Rahmen der Bestellung sind folgende Bereiche genau festzulegen:

- Preis der Ware
- Zahlungsbedingungen (Termin, Art der Bezahlung)
- Liefertermin
- Erfüllungsort (Ort der Übergabe der Ware)
- Verpackungsart, Verpackungsentsorgung
- Lieferbedingungen

Darüber hinaus ist auf die Einhaltung der gesetzlichen Rahmenbedingungen, wie zum Beispiel § 433 ff. (Kaufvertrag) oder § 651 (Werkbelieferungsvertrag) des Bürgerlichen Gesetzbuches (BGB) zu achten.

2.2.2 Die optimale Bestellmenge

Im Rahmen der Bedarfsplanung wird festgestellt, wie groß der Bedarf an bestimmten Materialien ist. Handelt es sich nicht um eine Einzelbeschaffung, sondern werden die Materialien in größeren Mengen über einen längeren Zeitraum hinweg benötigt, stellt sich die Frage, ob die Gesamtmenge auf einmal beschafft werden soll oder ob es nicht kostengünstiger ist, wenn die gesamte Bestellmenge auf verschiedene Teillieferungen aufgeteilt wird. Zur Beantwortung dieser Frage müssen die beschaffungsrelevanten Kosten erfasst werden (vgl. Abbildung 2.11).

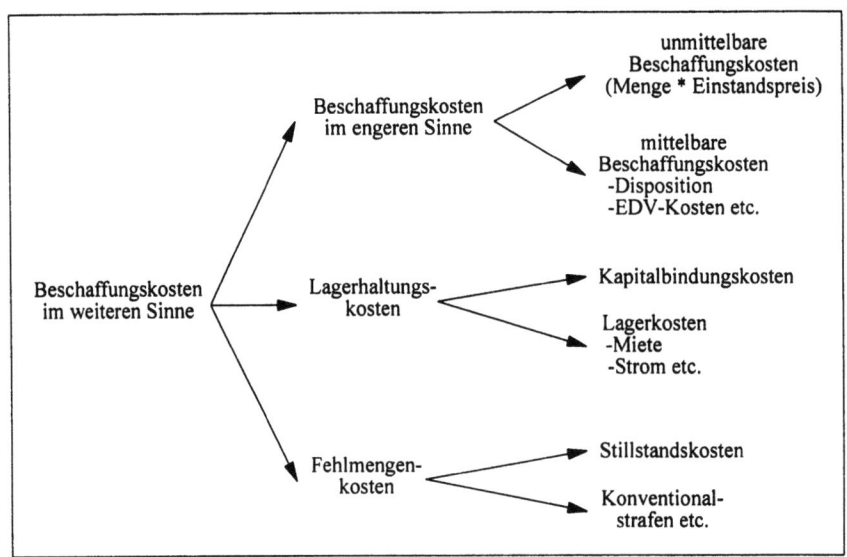

Abbildung 2.11: Beschaffungskosten

Die Beschaffungskosten im engeren Sinne beinhalten einerseits die unmittelbaren (Beschaffungsmenge * Einstandspreis), andererseits die mittelbaren Beschaffungskosten, zu denen die Kosten für die Disposition, EDV-Kosten etc. zu zählen sind. Den zweiten großen Block der Beschaffungskosten stellen die Lagerhaltungskosten dar. Hier sind neben den Miet-, Versorgungs- und Bewachungskosten auch die Kapitalbindungskosten zu berücksichtigen. Den dritten Block der Beschaffungskosten bilden die Fehlmengenkosten. Hier wird erfasst, welche Kosten entstehen, wenn die zugesicherten Termine nicht eingehalten werden können (Konventionalstrafen) oder die Produktion aufgrund fehlender Materialien angehalten werden muss (Stillstandskosten).

Zur Ermittlung der optimalen Bestellmenge kann auf die Formel zur Berechnung der optimalen Losgröße (vgl. 3.3.2.2) zurückgegriffen werden, die auch als Andlersche Losgrößenformel bezeichnet wird.

Das Grundmodell beruht auf folgenden Annahmen:

- es wird nur eine Materialart mit gleichbleibender Qualität betrachtet, wobei der Jahresbedarf bekannt ist;
- der Materialbedarf pro Zeiteinheit ist konstant;
- die Preise für das Material sind konstant und vom Lieferumfang unabhängig;
- es bestehen keine Verbundbeziehungen zum Bezug anderer Materialien;
- pro Bestellung ergeben sich die gleichen Kosten;
- die Beschaffungsmenge kann in beliebig viele Teillieferungen beschafft werden;
- es gibt keine festen Liefertermine, die Lieferung ist sofort verfügbar, Fehlmengen treten nicht auf;
- die Beschaffungsmenge unterliegt keinen Restriktionen und es gibt keine Lagerkapazitätsprobleme;
- es wird auf Sicherheitsbestände verzichtet und es gibt keinen Schwund im Lager;
- vor der nächsten Bestellung ist der Lagerbestand gleich null;
- die Lager- und Bestellkosten verhalten sich proportional zur Höhe der Bestellmenge.

Bei der Berechnung der optimalen Bestellmenge werden folgende Symbole verwendet:

B = gesamter Jahresbedarf der Materialart
p = Preis pro Mengeneinheit
k_f = bestellfixe Kosten pro Bestellung

k_i = Zinssatz für die Kapitalverzinsung bezogen auf den Wert des Lagers

k_l = Lagerkostensatz in Prozent, der pro Werteinheit im Lager zu bezahlen ist

k_{lh} = gesamter Lagerhaltungssatz in Prozent = $k_i + k_l$

K_b = gesamte unmittelbare Beschaffungskosten

K_f = gesamte bestellfixe Kosten

K_i = gesamte Kapitalbindungskosten

K_l = gesamte Lagerkosten

K_{lh} = gesamte Lagerhaltungskosten = $K_i + K_l$

K_e = entscheidungsrelevante Kosten: $K_e = K_f + K_{lh}$

x = Höhe der Bestellmenge

n = Bestellhäufigkeit = $\frac{B}{x}$

K = Gesamtkosten der Beschaffung

Die gesamten Kosten der Beschaffung setzen sich wie folgt zusammen:

$$K = K_b + K_f + K_i + K_l$$

K_b = unmittelbare Beschaffungskosten

B*p

K_f = mittelbare Beschaffungskosten

$k_f * n = k_f * \frac{B}{x}$; die bestellfixen Kosten fallen für jede Bestellung an, deshalb müssen die bestellfixen Kosten mit der Anzahl der Bestellungen (n) multipliziert werden.

K_i = Kapitalbindungskosten

$\frac{x*p}{2} * \frac{k_i}{100}$;

$\frac{x}{2}$ ist die Menge, die durchschnittlich im Lager liegt. Dies ergibt sich daraus, dass ein kontinuierlicher Lagerabbau und ein Zurückfahren des Lagerbestandes auf Null in den Annahmen definiert wurde (vgl. Abbildung 2.12).

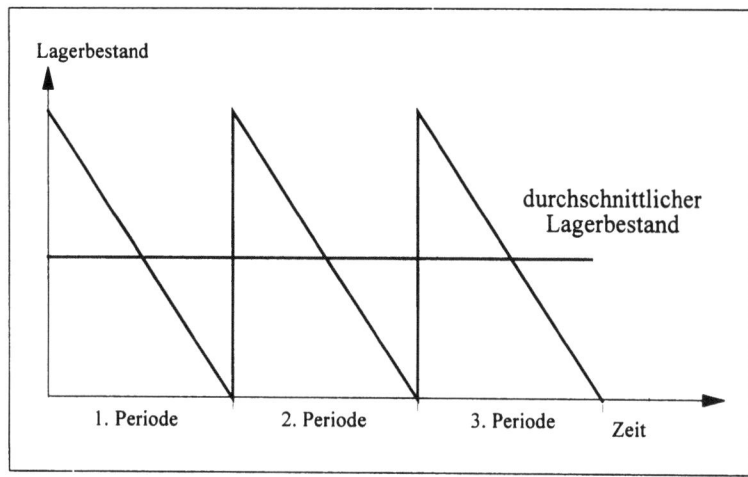

Abbildung 2.12: Durchschnittlicher Lagerbestand

$\dfrac{x*p}{2}$ ist der durchschnittliche Lagerwert

$\dfrac{k_i}{100}$ = Zinssatz für die Kapitalbindung

K_l = Lagerkosten

$\dfrac{x*p}{2} * \dfrac{k_l}{100}$; der Wert des durchschnittlich gebundenen Kapitals

$\dfrac{x*p}{2}$ muss mit dem Lagerhaltungssatz multipliziert werden

K_{lh} = Lagerhaltungskosten = Kapitalbindungs- und Lagerkosten

$\dfrac{x*p}{2} * \dfrac{k_{lh}}{100}$

Die Gesamtkosten der Beschaffung ergeben sich somit wie folgt:

$$K = B*p + k_f * \frac{B}{x} + \frac{x*p}{2} * \frac{k_{lh}}{100}$$

Aufgrund der oben definierten Annahmen gehören die unmittelbaren Beschaffungskosten zwar zu den Gesamtkosten der Beschaffung, sind aber für die Bestimmung der optimalen Bestellmenge nicht entscheidungsrelevant.

Zur Berechnung des Minimums der Funktion muß man diese nach x differenzieren:

$$\frac{dK}{dx} = -k_f * \frac{B}{x^2} + \frac{p * k_{lh}}{2*100}$$

Wird die 1. Ableitung gleich Null gesetzt und nach x aufgelöst, ergibt sich:

$$x^2 = \frac{200 * k_f * B}{p * k_{lh}}$$

$$x_{opt} = \sqrt{\frac{200 * k_f * B}{p * k_{lh}}}$$

Auf die Überprüfung der hinreichenden Bedingung für ein Minimum (2. Ableitung größer Null) wird hier ebenso verzichtet wie auf die Diskussion der vielfältigen Erweiterungen dieses Grundmodells.

Abgeleitet aus der Formel für die optimale Bestellmenge kann man die optimale Bestellhäufigkeit wie folgt berechnen:

$$n_{opt} = \frac{B}{x_{opt}}$$

Beispiel 2.6: Bestimmung der optimalen Bestellmenge

Für die betrachtete Periode entsteht ein Bedarf von 1000 Mengeneinheiten zu je DM 250. Die Kosten pro Bestellvorgang betragen DM 25. Für das eingesetzte Kapital wird eine Verzinsung von 5 % unterstellt, der Lagerkostensatz pro Werteinheit liegt bei 3 %. Welchen Wert hat die optimale Bestellmenge und wie hoch sind die gesamten Bestellkosten?

Setzt man Werte in die Formel ein, so ergeben sich folgende Ergebnisse:

$$x_{opt} = \sqrt{\frac{200*25*1000}{250*8}} = 50$$

Die optimale Bestellmenge beträgt 50 Mengeneinheiten, das bedeutet, dass in der Periode 20 mal 50 Einheiten beschafft werden. Die Gesamtkosten der Beschaffung ergeben sich wie folgt:

$$K = 1000*250 + 25*\frac{1000}{50} + \frac{50*250}{2}*\frac{8}{100} = 251.000$$

Die Gesamtkosten der Beschaffung betragen DM 251.000, wobei aber nur die mittelbaren Bestellkosten in Höhe von DM 500 und die Lagerhaltungskosten in Höhe von DM 500 entscheidungsrelevant sind.

2.3 Transport

Die Hauptfunktion des Transports besteht darin, Personen und Güter von einem Ort zu einem anderen Ort zu bringen, wobei an dieser Stelle nur der Transport von Materialien betrachtet wird. Der Materialfluss muss so organisiert werden, dass keine ungewollten Unterbrechungen im Produktionsbereich auftreten, wobei auch dort letztendlich die Kosten darüber entscheiden, welcher Sicherheitsgrad der Materialversorgung gewählt wird.

Generell kann man zwischen einem innerbetrieblichen und einem außerbetrieblichen sowie zwischen dem Fremd- (gewerblicher Verkehr) und dem Eigentransport (Werksverkehr) unterscheiden. Beim innerbetrieblichen Verkehr erfolgen die Materialbewegungen innerhalb eines Betriebsraumes, wohingegen beim außerbetrieblichen Verkehr die Anbindung des Betriebsraumes nach Außen (Lieferanten etc.) organisiert und durchgeführt wird. Der Werksverkehr findet in der Regel innerhalb des Betriebsraumes statt, kann aber auch darüber hinaus gehen, wenn zum Beispiel eine Baustellenfertigung vorliegt (Baugewerbe, Schiffsbau etc.). Als Verkehrsmittel kommen alle verfügbaren und sinnvoll einsetzbaren Verkehrsmittel wie Lastkraftwagen, Bahn, Schiff oder Flugzeug in Frage. Bei der Auswahl der Verkehrsmittel sind folgende Kriterien zu beachten:

- Kosten,
- Schnelligkeit,
- Verfügbarkeit,
- Flexibilität,
- technische Eignung,
- Zuverlässigkeit / Berechenbarkeit,
- Leistungsfähigkeit (Transportvolumen) und
- Anzahl der möglichen Zielorte.

Gerade die Möglichkeit, viele Zielorte anfahren zu können, führt in vielen Fällen dazu, dass LKWs zum Materialtransport eingesetzt werden. Allerdings setzt sich die Kombination Bahn und LKW bzw. Binnenschifffahrt und LKW immer stärker durch. Einerseits kann man damit auf die zunehmende Umweltdiskussion reagieren, andererseits ergeben sich in vielen Fällen durch die Verbindung unterschiedlicher Verkehrsmittel Kostenvorteile.

2.4 Lagerhaltung

Die Lagerung von Materialien kann man als gewollte Unterbrechung des Materialflusses bezeichnen, wenn es sich nicht um ungeplante Lagermengen handelt. Neben den Rohlagern, in denen Materialien gelagert werden, gibt es noch die Zwischenlager, in denen Baugruppen zwischen den verschiedenen Produktionsstufen deponiert werden. Nicht in den Verantwortungsbereich der Materialwirtschaft fallen die Absatzlager, die in der Regel dem Vertrieb unterstehen. Wie bereits bei der Berechnung der optimalen Bestellmenge aufgezeigt wurde, fallen im Rahmen der Lagerung unterschiedliche Kostenarten an, die in Abbildung 2.13 zusammengefasst sind.

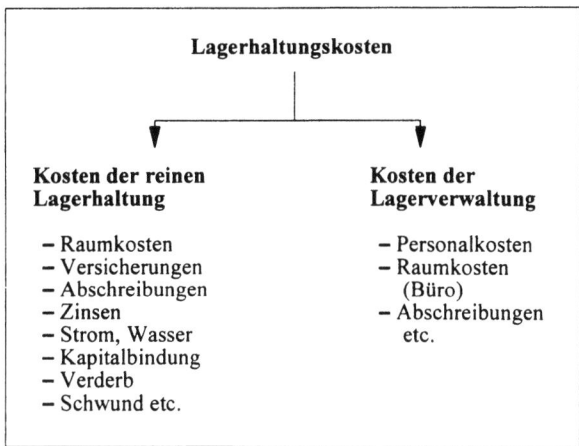

Abbildung 2.13: Lagerhaltungskosten

2.4.1 Aufgaben im Lager und Lagerfunktionen

Die Aufgaben der Lagerverwaltung lassen sich in vier große Bereiche einteilen (vgl. Abbildung 2.14), wobei sowohl technische als auch ökonomische Aspekte berücksichtigt werden müssen. Die Aufgabenübersicht zeigt, wie wichtig in diesem Unternehmensbereich ein reibungsloser Informationsfluss ist.

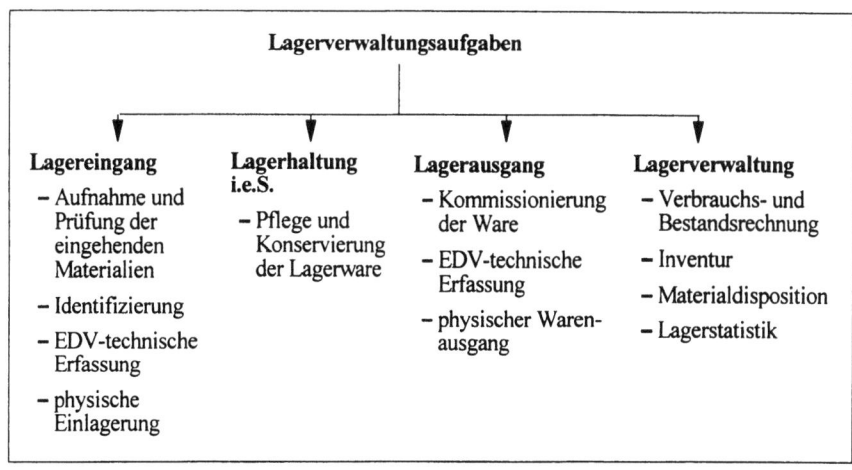

Abbildung 2.14: Aufgaben der Lagerverwaltung

Neben der Bereitstellungsfunktion hat ein Lager eine Vielzahl weiterer Funktionen zu übernehmen, die nachfolgend kurz dargestellt werden:

- Bereitstellungsfunktion: hierdurch soll ein reibungsloser Fertigungsablauf sowie eine umfassende Ersatzteilversorgung sichergestellt werden;
- Ausgleichsfunktion: zur Überbrückung der Zeit zwischen Warenanlieferung und dem Bedarf in der Produktion;
- Sicherheitsfunktion: zur Kompensation von unvorhersehbaren Schwankungen bei der Materialzulieferung und der eigenen Produktion;
- Veredelungsfunktion: hierbei wird das Lager zum Teil der Produktion, durch die Trocknung, Alterung, Gärung etc. soll eine qualitative Verbesserung bei den Produkten erzielt werden;
- Spekulationsfunktion: Nutzung von Sonderangeboten oder bei einer erhöhten Beschaffung aufgrund einer erwarteten Preissteigerung;
- Darbietungsfunktion: diese Funktion des Lagers wird häufig im Handel genutzt.

2.4.2 Materialdisposition

Wie bereits erwähnt, besteht eine der Aufgaben der Lagerverwaltung darin, Materialien zu disponieren. Das heißt, wenn ein bestimmter Lagerbestand erreicht ist, dann meldet dies die Lagerverwaltung an den Einkauf, damit dieser die benötigte Ware beschafft. In modernen Lagern wird diese Funktion bereits weitestgehend von der EDV übernommen.

Zur Festlegung des Dispositionszeitpunktes wurden unterschiedliche Modelle entwickelt. Nachfolgend wird das Grundmodell zur Bestimmung des Dispositionszeitpunkts vorgestellt, wobei unterstellt wird, dass der Einstandspreis pro Mengeneinheit unabhängig von der Höhe der Bestellmenge ist, so dass keine Mengenrabatte berücksichtigt werden müssen.

Bestellbestand (Grundmodell)

Unterstellt man einen kontinuierlichen Verbrauch, eine konstante Wiederbeschaffungszeit sowie einen festen Höchstbestand, dann berechnet sich der Bestellbestand nach der einfachen Formel:

$B = V * t_w$

B = Bestellbestand
V = Verbrauch pro Periode
t_w = Wiederbeschaffungszeit in Perioden

Der Höchstbestand des Lagers entspricht bei diesem Modell der optimalen Bestellmenge.

Beispiel 2.7: Der Bestellbestand

> Wie hoch ist der Bestellbestand, wenn der Verbrauch pro Periode 100 Mengeneinheiten beträgt und die Wiederbeschaffungszeit zwei Perioden beträgt?
>
> Der Bestellbestand beträgt 200 Mengeneinheiten.
> $B = V * t_w = 100 * 2 = 200$
>
> Hierbei wird unterstellt, dass das Lager immer komplett geräumt wird, bevor die nächste Lieferung eintrifft. Diese Vorgehensweise ist allerdings nur in den Fällen zu wählen, in denen keine Schwankungen im Verbrauch und keine Lieferprobleme auftreten können oder die Fehlmengenkosten sehr gering sind.

In der Regel werden diese Randbedingungen nicht vorliegen, so dass man eine eiserne Reserve bei den Planungen berücksichtigt. Beträgt in obigem Beispiel die eiserne Reserve 400 Mengeneinheiten, so ergibt sich die in

Abbildung 2.15 dargestellte Situation. Die eiserne Reserve wird, wenn alles planmäßig verläuft, nicht angebrochen. Erst wenn es zum Beispiel zu Lieferproblemen oder einem Mehrbedarf in der Produktion kommt, kann mit Hilfe der eisernen Reserve die Produktion noch eine gewisse Zeit aufrechterhalten werden.

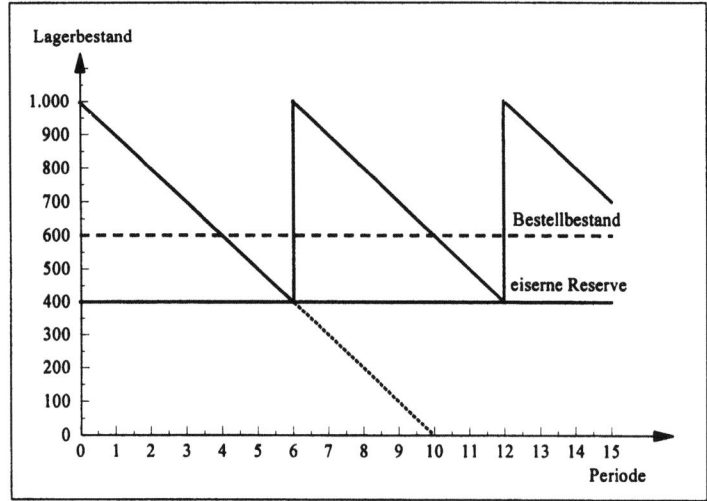

Abbildung 2.15: Der Bestellbestand mit eiserner Reserve

Bei vollem Lager kann mit Hilfe der eisernen Reserve insgesamt 10 Perioden produziert werden (vgl. Abbildung 2.15). Der Bestellbestand ergibt sich in diesen Fällen wie folgt:

$$B = Re + V * t_w$$

B   = Bestellbestand
Re = eiserne Reserve
V   = Verbrauch pro Periode
t_w = Wiederbeschaffungszeit in Perioden

und beträgt somit für das Beispiel 2.7:

$$B = 400 + 100 * 2 = 600 \text{ Mengeneinheiten}$$

Übungsaufgaben zum 2. Kapitel

Aufgabe 2.1:
Welche Aufgaben müssen im Rahmen der Materialwirtschaft erfüllt werden?

Aufgabe 2.2:
a) Worin liegt der Unterschied zwischen einer Normung und einer Typung?

b) Welche Ziele werden mit der Materialnummerung verfolgt?

c) Worin liegen die Vor- bzw. Nachteile der ABC-Analyse?

Aufgabe 2.3:

Wie ist eine Baukastenstückliste aufgebaut? Welche Probleme ergeben sich beim Arbeiten mit dieser Art von Stücklisten?

Aufgabe 2.4:

In der Vergangenheit ergaben sich folgende Bedarfe für den Rohstoff R1:

Periode	1	2	3	4	5	6
Bedarf	30	50	40	60	70	90

a) Welcher Prognosewert für die 7. Periode ergibt sich, wenn zu dessen Bestimmung ein gleitender 3er-Durchschnitt mit den Gewichten $g_t = 0{,}6$, $g_{t-1} = 0{,}3$ und $g_{t-2} = 0{,}1$ berechnet wird? Wie ist das Ergebnis zu bewerten?

b) Welcher Wert ergibt sich für die Prognose, wenn das Verfahren der exponentiellen Glättung 1. Ordnung mit $\alpha = 0{,}8$ verwendet wird und man unterstellt, dass in der ersten Periode der Bedarf richtig prognostiziert wurde?

c) Welcher Prognosewert ergibt sich für die 6. Periode, wenn die Prognose anhand einer linearen Trendfunktion erfolgt?

Aufgabe 2.5:

a) Mit welchen Fragestellungen beschäftigt sich die Einkaufsabteilung in einem Unternehmen?

b) Nach welchen Kriterien können Lieferanten ausgewählt werden?

Aufgabe 2.6:

a) Aus welchen Kostenarten setzen sich die Beschaffungskosten zusammen?

b) Gegeben sind folgende Werte:

Periodenbedarf:	5.000 Mengeneinheiten
Preis pro Mengeneinheit:	DM 10
Fixkosten pro Bestellung:	DM 15
Verzinsung des eingesetzten Kapitals:	4 %
Lagerkostensatz pro Werteinheit:	2 %

Wie häufig sollte in der Periode bestellt werden, um die Beschaffungskosten minimieren zu können? Wie hoch sind die Beschaffungskosten mindestens?

Aufgabe 2.7:

Welche Kriterien sind bei der Wahl der Transportmittel zu berücksichtigen? Wie kann anhand dieser Kriterien eine Entscheidung getroffen werden?

Aufgabe 2.8:

Wie hoch ist der Bestellbestand, wenn folgende Rahmenbedingungen vorliegen:

Periodenverbrauch:	1.000 Einheiten
eiserne Reserve:	5.000 Einheiten
Wiederbeschaffungszeit:	3 Perioden?

3. Produktionsplanung

3.1 Inhalte der Produktionsplanung

Die Produktionsplanung ist ein Element der Unternehmensplanung und soll dazu beitragen, dass im Produktionsbereich die Zielvorgaben erreicht werden können. Hierzu ist ein reibungsloser Ablauf der betrieblichen Produktionsprozesse notwendig. Die Produktionsplanung setzt sich aus der Produktionsprogrammplanung und der Produktionsablaufplanung zusammen (vgl. Abbildung 3.1), wobei allerdings starke Wechselwirkungen zwischen diesen beiden Bereichen bestehen. Die Bereitstellungsplanung, die sehr eng mit der Produktionsplanung verbunden ist, wurde bereits im vorherigen Kapitel behandelt.

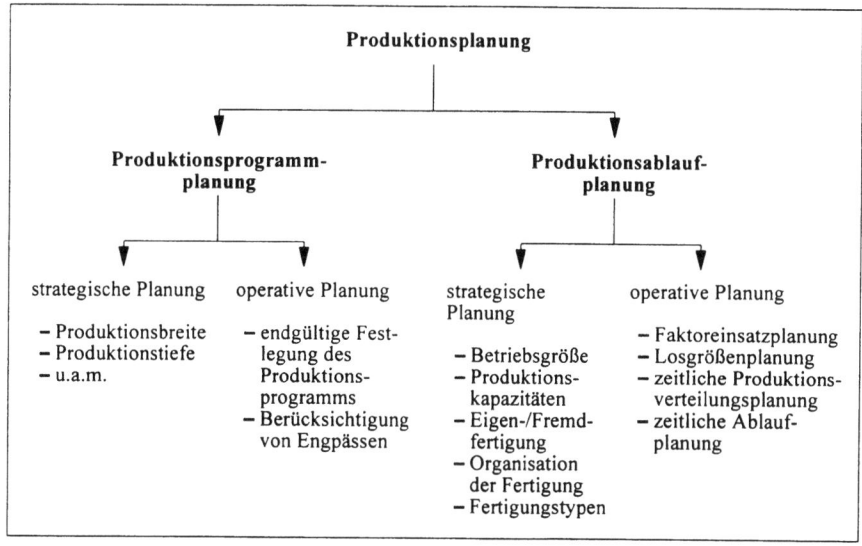

Abbildung 3.1: Produktionsplanung

3.2 Produktionsprogrammplanung

Im Rahmen der Produktionsprogrammplanung wird festgelegt, welche Art von Gütern in welchen Mengen in einem bestimmten Zeitraum produziert werden sollen. Die strategische Produktionsprogrammplanung befasst sich mit den grundsätzlichen Entscheidungen über die Sortimentsgestaltung, wobei auch Produktinnovationen sowie Produkteliminationen berücksichtigt werden müssen. Im operativen Teil der Planung erfolgt die konkrete Entscheidung für die nächste Produktionsperiode, die immer dann an Bedeutung gewinnt, wenn Engpassfaktoren auftreten.

3.2.1 Strategische Produktionsprogrammplanung

Die Zielvorgaben für das strategische Produktionsprogramm erhält die Produktionsabteilung in der Regel aus dem Bereich Marketing bzw., wenn es keine Marketingabteilung gibt, von den Abteilungen, die sich mit der Erfassung der Kundenbedürfnisse beschäftigen. Neben der Marketing- und der Produktionsabteilung sind aber noch weitere Abteilungen an der Festlegung des Produktionsprogramms beteiligt (vgl. Abbildung 3.2).

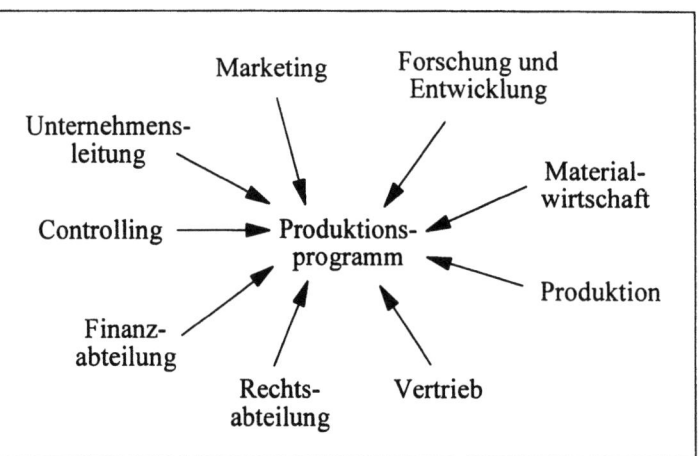

Abbildung 3.2: Strategische Produktionsprogrammplanung

Eine der wesentlichen Aufgaben des Marketing ist die Analyse und Beschreibung der aktuellen und zukünftigen Marktanforderungen bzw. Kundenwünsche. Wichtige Impulse für die Programmplanung werden auch von der Forschungs- und Entwicklungsabteilung erwartet. Einerseits sind die am Markt erkennbaren Bedürfnisse in Produkte umzusetzen, andererseits sollten hier Produktideen entwickelt werden. Die Frage der Umsetzung der Ideen hängt sowohl von den Möglichkeiten der Inputversorgung (Materialwirtschaft) als auch von den technischen Möglichkeiten in der Produktion ab. Der Vertrieb kann in der Regel darüber Auskunft geben, inwieweit die Möglichkeit besteht, die neuen Produkte am Markt zu distribuieren, wohingegen sich die Rechtsabteilung mit Patenten und sonstigen Schutzrechten beschäftigen muss. Die Frage der Finanzierbarkeit des Produktionsprogramms wird im Finanzbereich beantwortet, die Controller überwachen die Einhaltung der Unternehmensziele (Umsatz-, Ertragsentwicklung etc.). Die letztendliche Entscheidung über das strategische Produktionsprogramm obliegt der Unternehmensleitung, die bei ihrer Entscheidung neben den rein ökonomischen Größen auch Faktoren wie Tradition, Image, langfristige Zielsetzungen, soziale Verantwortung etc. berücksichtigen muss. Die hier beispielhaft aufgezeigte Verteilung von Aufgaben und Zuständigkeiten macht deutlich, wie komplex diese Entscheidung ist. Nur wenn ein von allen getragener Konsens gefunden wird, besteht die Möglichkeit, die Zielvorgaben auch zu erreichen.

3.2.2 Operative Produktionsprogrammplanung

Im Rahmen der operativen Produktionsprogrammplanung werden die strategischen Vorgaben sowie die Kapazitätsausstattung als konstant angenommen. Probleme können sich ergeben, wenn die Kapazitäten für die geplanten Mengen nicht ausreichen und eine Entscheidung getroffen werden muss, welche der verschiedenen Produkte produziert bzw. nicht produziert werden sollen. In den nachfolgenden Beispielen wird davon ausgegangen, dass nur ein Fertigungsprozess möglich ist, wodurch sich konstante variable Kosten pro Produkt ergeben.

Beispiel 3.1: Keine Engpassfaktoren

> Für die nächste Periode soll das Produktionsprogramm festgelegt werden. Als Entscheidungsgrundlage stehen die in Tabelle 3.1 aufgeführten Informationen zur Verfügung. Welcher Gewinn ist aufgrund dieser Alternativen in der nächsten Periode möglich?

Tabelle 3.1: Produktionsalternativen für die nächste Periode

Produkt	x_{max}	k_v	k_f	k	p	$DB_{St} =$ $p - k_v$	$G_{St} =$ $p - k$
1	800	17	5	22	29	12	7
2	1200	22	7	29	35	13	6
3	900	18	9	27	25	7	-2
4	1000	25	5	30	22	-3	-8
5	700	27	6	33	34	7	1

Die Fixkosten für die nächste Periode betragen damit insgesamt DM 29.700.

x_{max} = maximal absetzbare Menge
k_v = variable Stückkosten
k_f = fixe Stückkosten bei maximaler Absatzmenge
k = gesamte Stückkosten bei maximaler Absatzmenge
p = Absatzpreis pro Stück
DB_{St} = Deckungsbeitrag pro Stück
G_{st} = Stückgewinn
Zur genauen Definition der Kosten siehe Kapitel 5.

Der maximale Gewinn (Deckungsbeitrag - fixe Kosten) in der obigen Entscheidungssituation liegt bei DM 6.700. Dieser Wert wird erreicht, wenn die Produkte 1, 2, 3 und 5 produziert werden, da diese einen positiven Deckungsbeitrag aufweisen:

Deckungsbeitrag = 800*12 + 1200*13 + 900*7 + 700*7 =
DM 36.400
Gewinn = 36.400 - 29.700 = DM 6.700

Zu beachten ist, dass zur Entscheidungsfindung die Deckungsbeiträge und nicht die Stückgewinne herangezogen werden. Orientiert man sich an den Stückgewinnen, ergibt sich nur noch ein Gewinn von DM 400, der durch die Produktion der Produkte 1,2 und 5 erzielt wird.

Deckungsbeitrag der Produkte 1, 2 und 5:   DM 30.100
Fixkosten   DM 29.700
Gewinn: DM   400

Die Fixkosten sind in der kurzfristigen Betrachtung nicht entscheidungsrelevant, da sie unabhängig von der Produktionsmenge zu tragen sind.

Beispiel 3.2: Ein Engpassfaktor

Zur Produktion der in Tabelle 3.1 aufgeführten Produkte wird eine Maschine vom Typ A benötigt. Dem Produktionsleiter stehen normalerweise 5 dieser Maschinen zur Verfügung, die insgesamt eine Kapazität von 17.700 Einheiten aufweisen. Durch einen Kurzschluss wurden zwei dieser Maschinen so schwer beschädigt, dass sie nicht mehr in der Produktion eingesetzt werden können. Welche Produkte müssen in dieser Situation produziert werden, um den Gewinn weiterhin zu maximieren bzw. die Verluste auf einem möglichst niedrigen Niveau halten zu können?

Bei dieser Umweltkonstellation kann der absolute Deckungsbeitrag nicht mehr als Entscheidungskriterium verwendet werden, da auch der Kapazitätsbedarf auf dem Engpassfaktor (Maschine A) berücksichtigt werden muss. Aus diesem Grund wird der relative Deckungsbeitrag (DB_{Stre}) als Quotient aus dem absoluten Deckungsbeitrag (DB_{Stab}) und dem Produktionskoeffizienten (PK) berechnet.

$$DB_{Stre} = \frac{DB_{Stab}}{PK}$$

Der Produktionskoeffizient gibt an, wie viele Kapazitätseinheiten (allgemeiner: Inputeinheiten) zur Produktion einer Einheit des Produkts benötigt werden. In Tabelle 3.2 wird zum Beispiel deutlich, dass zur Produktion einer Einheit von Produkt 2 viermal so viele Kapazitätseinheiten der Maschine A benötigt werden wie für Produkt 5. Für die Entscheidungsfindung werden die relativen Deckungsbeiträge in eine Rangfolge gebracht und nacheinander abgearbeitet, bis die Kapazität verbraucht ist (vgl. Tabelle 3.2).

Tabelle 3.2: Relative Deckungsbeiträge

Produkt	x_{max}	PK	DB_{Stab}	$DB_{Stre} = \dfrac{DB_{Stab}}{PK}$	Rangplatz
1	800	5	12	2,4	2
2	1.200	8	13	1,6	4
3	900	3	7	2,3	3
5	700	2	7	3,5	1

Die Fixkosten für die nächste Periode betragen weiterhin DM 29.700.

x_{max} = maximal absetzbare Menge
PK = Produktionskoeffizient
DB_{Stab} = absoluter Deckungsbeitrag pro Stück
DB_{Stre} = relativer Deckungsbeitrag pro Stück

Durch den Übergang von den absoluten auf die relativen Deckungsbeiträge ergibt sich eine deutliche Verschiebung der Vorteilhaftigkeit der einzelnen Produkte. Produkt 2 erreicht zwar den höchsten absoluten Deckungsbeitrag, benötigt aber auch mit Abstand den Engpassfaktor am meisten, so dass es bei der relativen Betrachtung auf den vierten Platz abfällt.

Die verbleibenden 10.620 Kapazitätseinheiten der Maschinen vom Typ A (60 % von 17.700) werden nun entsprechend der Rangfolge der Produkte zugewiesen (vgl. Tabelle 3.3).

Anstatt der 1200 Mengeneinheiten, die von Produkt 2 am Markt absetzbar sind, können aufgrund der knappen Kapazitäten nur 315 Einheiten produziert werden. Hierdurch ergibt sich folgender Deckungsbeitrag bzw. Gewinn:

Deckungsbeitrag = 700 * 7 + 800 * 12 + 900 * 7 + 315 * 13 = DM 24.895

Gewinn = 24.895 - 29.700 = DM -4.805

Durch den Ausfall der beiden Maschinen vom Typ A entsteht somit ein Verlust von DM 4.805.

Tabelle 3.3: Nutzung knapper Kapazitäten

Produkt	$x_{mög}$	Rangplatz	DB_{Stab}	PK	benötigte Kapazität	restliche Kapazität
5	700	1	7	2	1.400	9.220
1	800	2	12	5	4.000	5.220
3	900	3	7	3	2.700	2.520
2	315	4	13	8	2.520	0

$x_{mög}$ = aufgrund der zur Verfügung stehenden Engpasskapazitäten mögliche Produktionsmenge

Beispiel 3.3: Mehrere Engpassfaktoren

Ein Unternehmen produziert zwei unterschiedliche Produkte (x_1 und x_2), wobei bei beiden die Rohstoffe r_1 und r_2 benötigt werden. Vom Rohstoff r_1 stehen dem Unternehmen 100 Einheiten, von r_2 90 Einheiten zur Verfügung. Welche Produkte muss das Unternehmen in welchem Umfang produzieren, wenn es seinen Gewinn maximieren will? Der Stückdeckungsbeitrag beträgt bei x_1 DM 60 und bei x_2 DM 80, die Produktionskoeffizienten liegen zwischen 2 und 4 (vgl. Tabelle 3.4).

Das oben beschriebene Problem lässt sich mit Hilfe des Simplex-Algorithmus lösen, wobei an dieser Stelle nur die graphische Lösung dargestellt wird (vgl. Abbildung 3.3).

Tabelle 3.4: Produktionskoeffizienten

	Produkt x_1	Produkt x_2
Rohstoff r_1	$PK_{x_1,r_1} = 2$	$PK_{x_2,r_1} = 4$
Rohstoff r_2	$PK_{x_1,r_2} = 3$	$PK_{x_2,r_2} = 2$

Zunächst sind die Restriktionsgleichungen aufzustellen:

(1) $2x_1 + 4x_2 \leq 100$
(2) $3x_1 + 2x_2 \leq 90$
(3) $x_1 \geq 0$
(4) $x_2 \geq 0$

Gleichung (1) besagt, dass der Rohstoffverbrauch von r_1 maximal 100 Einheiten betragen kann, wobei sich der Verbrauch aus dem Bedarf für x_1 ($2*x_1$) und für x_2 ($4*x_2$) zusammensetzt. Die Restriktionen (3) und (4) besagen, dass nur nicht-negative Produktionsmengen betrachtet werden.

Die Zielfunktion des Maximierungsproblems lautet:

$DB_{gesamt} = 60x_1 + 80x_2 \rightarrow$ MAX.!

Durch das Einzeichnen der Restriktionen ergibt sich der in Abbildung 3.3 schraffierte Lösungsraum. Alle Punkte in diesem Lösungsraum einschließlich der Begrenzungslinien sind realisierbar.

Zur Bestimmung der optimalen Produktionsmenge wird die Zielfunktion in eine Geradengleichung umgeformt:

$x_2 = DB/80 - 0{,}75x_1$

und zum Beispiel für DB = 1200 in die Abbildung eingezeichnet. Die Zielfunktion wird nun solange parallel nach außen verschoben, bis sie den Lösungsraum tangiert. Dieser Tangentialpunkt gibt die optimalen $x_1 : x_2$ - Kombination an.

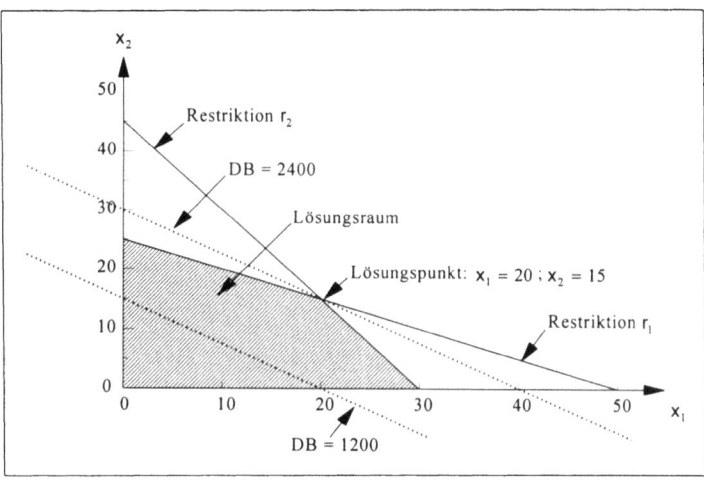

Abbildung 3.3: Optimales Produktionsprogramm

Für das Beispiel ergibt sich somit folgende Lösung:

$x_1 = 20; x_2 = 15$

maximaler Deckungsbeitrag: 60 * 20 + 80 * 15 = DM 2.400
Verbrauch von r_1: 2 * 20 + 4 * 15 = 100 Einheiten
Verbrauch von r_2: 3 * 20 + 2 * 15 = 90 Einheiten

Werden mehr als zwei Produkte betrachtet bzw. nimmt die Anzahl der Inputfaktoren zu, dann muss auf die analytische Darstellung zurückgegriffen werden.

3.3 Produktionsablaufplanung

Nachdem das Produktionsprogramm festgelegt wurde, muss der Produktionsablauf geplant werden. Im strategischen Teil geht es hierbei um die Frage der Betriebsgröße, der Produktionskapazitäten, der Organisationsform der Fertigung sowie um den Fertigungstyp. Ebenfalls wird an dieser Stelle darüber entschieden, ob die geplanten Produkte selbst gefertigt oder von Lieferanten bezogen werden sollen. In der operativen Produktionsablaufplanung wird anschließend die konkrete Vorgehensweise in der Fertigung festgelegt.

Das Ziel der Produktionsablaufplanung ist letztendlich die Minimierung der Kosten unter Erfüllung der vorgegebenen Produktionsziele, wobei eine Vielzahl von Aspekten berücksichtigt werden müssen, die teilweise konträr zueinander stehen. Unter anderen sind folgende abgeleitete Ziele zu beachten:

- Minimierung der Rüst- und Leerkosten,
- Minimierung der Lagerkosten,
- Minimierung der Kosten für Konventionalstrafen wegen der Nichteinhaltung von Terminen,
- Minimierung der Durchlaufzeiten,
- Hohe und gleichmäßige Auslastung der Kapazitäten.

3.3.1 Strategische Produktionsablaufplanung

Die Festlegung der Betriebsgröße sowie der Produktionskapazitäten wird sehr stark von der strategischen Ausrichtung des Produktionssortiments beeinflusst. Die Entscheidungen hierüber müssen in Abstimmung mit allen relevanten Entscheidungsträgern von der Geschäftsleitung getroffen werden. Die Frage, ob sich zum Beispiel der Aufbau einer weiteren Produktionsstraße lohnt, hängt auch davon ab, wie sich die Nachfrage in der Zukunft entwickeln wird, in welcher finanziellen Situation sich das Unternehmen befindet, inwieweit qualifizierte Arbeitskräfte gefunden werden können oder geeignete Distributionskanäle zur Verfügung stehen.

Zwei weitere wichtige Fragestellungen, die im Rahmen der strategischen Produktionsablaufplanung beantwortet werden müssen, sind die Bestimmung der Organisation der Fertigung - welche räumliche Anordnung sollen die Betriebsmittel aufweisen bzw. welchen Weg durchläuft das Produkt im Fertigungsablauf- sowie des Fertigungstyps, wie viele Produkte der gleichen Art sollen gleichzeitig oder kurz hintereinander produziert werden.

3.3.1.1 Organisationsformen der Fertigung

Die unterschiedlichen Organisationsformen der Fertigung sind in Abbildung 3.4 aufgeführt, wobei in der Praxis häufig Mischformen auftreten. Die Vor- und Nachteile der einzelnen Organisationsformen sind in Tabelle 3.5 kurz dargestellt.

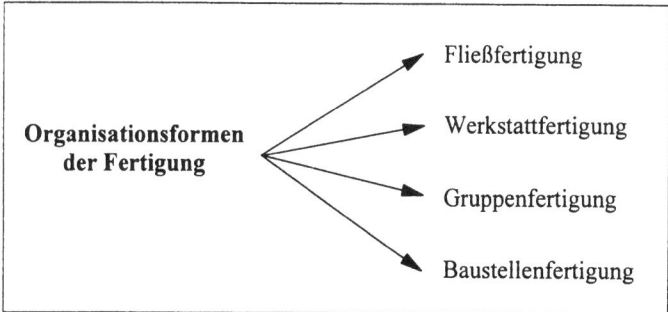

Abbildung 3.4: Organisationsformen der Fertigung

3.3.1.2 Fertigungstypen

Neben der Organisationsform der Fertigung muss der Fertigungstyp (vgl. Abbildung 3.5) festgelegt werden. In Tabelle 3.6 sind die wesentlichen Fertigungstypen charakterisiert sowie deren Besonderheiten kurz erläutert.

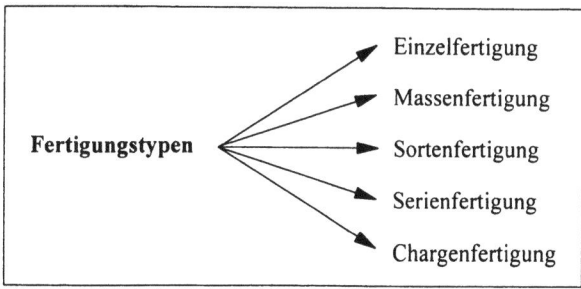

Abbildung 3.5: Fertigungstypen

Tabelle 3.5: Vor- und Nachteile unterschiedlicher Organisationsformen der Fertigung

Organisationsform	Kurzcharakteristik	Vorteile	Nachteile
Fließfertigung	„Fertigungsablauforientierung" Die Anordnung der Betriebsmittel und der Arbeitskräfte richtet sich nach dem technisch vorgegebenen Produktionsablauf. Durch zeitlich aufeinander abgestimmte Arbeitsgänge wird ein kontinuierlicher Produktionsprozess erreicht, wobei das Produkt von Arbeitsgang zu Arbeitsgang automatisch weiterbefördert wird. Die Arbeitskräfte führen in der Regel nur sehr wenige Handgriffe durch bzw. sie werden nur noch zur Überwachung der automatischen Prozesse eingesetzt.	- Kurze Durchlaufzeiten; - Zwischenlagerungen entfallen; - einfache und exakte Bedarfsermittlung; - leichte Terminplanung; - gute Kontrolle der Prozesse; - hohe Geschicklichkeit der Arbeitskräfte.	- hoher Kapitalbedarf; - langfristige Festlegung der Investitionsmittel; - hohe Fixkostenbelastung; - hohe psychische Belastung der Arbeitskräfte; - geringe Flexibilität; - störanfällig.
Werkstattfertigung	„Funktionsorientierung" Die Arbeitskräfte und die Betriebsmittel werden so zusammengefasst, dass gleichartige Arbeitsverrichtungen in einer „Werkstatt" erfolgen können. Z. B. Schlosserei, Gießerei, Schreinerei etc. Der Weg der Produkte im Produktionsprozess richtet sich hierbei nach der Anordnung der Werkstätten.	- hohe Flexibilität; - geringe Fixkosten; - geringere Belastung der Arbeitskräfte; - höhere Motivation; bei den Arbeitskräften.	- lange Transportwege - Zwischenlager; - Wartezeiten; - höherer Ausschuss; - hoher Planungs-, Steuerungs- und Kontrollaufwand.

Tabelle 3.5: Vor- und Nachteile unterschiedlicher Organisationsformen der Fertigung (Fortsetzung)

Organisationsform	Kurzcharakteristika	Vorteile	Nachteile
Gruppenfertigung	„Mischform aus Fertigungsablauf- und Funktionsorientierung". Zusammenfassung verschiedener Betriebsmittel zu Fertigungsinseln, Bearbeitungszentren etc., in denen Arbeitsgruppen teilautonom und eigenverantwortlich arbeiten. Innerhalb dieser Fertigungsinseln wird je nach Aufgabenstellung nach dem Fließ- bzw. dem Werkstattprinzip gearbeitet. Neben den technischen und wirtschaftlichen Aspekten werden auch Humanisierungsziele verfolgt, indem die Handlungs- und Entscheidungsbefugnisse des einzelnen Arbeiters ausgeweitet werden.	Es wird versucht, die Vorteile der Fließfertigung mit denen der Werkstattfertigung zu verbinden, ohne deren Nachteile voll zum Tragen kommen zu lassen.	
Baustellenfertigung	„Fertigungsobjektorientierung" Zwischen den verschiedenen Arbeitsschritten werden nicht Werkstücke, sondern Produktionsfaktoren bewegt. Diese Art der Fertigung findet man z.B. beim Straßen- und Brückenbau, in der Land- und Forstwirtschaft oder im Sondermaschinenbau.	Konkrete Vorteile dieses Organisationstyps ergeben sich nicht.	- hoher Planungs-, Steuerungs- und Kontrollaufwand; - geringes Rationalisierungspotential.

Tabelle 3.6: Unterschiedliche Fertigungstypen

Fertigungstyp	Kurzcharakteristika	Besonderheiten
Einzelfertigung	Der ganze Produktionsprozess ist auf die Produktion eines einzelnen Produktes ausgelegt. In der Regel handelt es sich hierbei um eine reine Auftragsfertigung, d.h., der Planungsprozess beginnt erst nach der Auftragserteilung. Zu finden ist diese Art der Fertigung im Schiffsbau, im Großmaschinenbau oder im Straßenbau. Eine ähnliche Situation ergibt sich auch im Bereich des Kleinserienbaus. Als Organisationsform der Fertigung wird entweder die Werkstatt-, die Gruppen- oder die Baustellenfertigung gewählt werden.	Es entsteht pro Auftrag ein hoher Planungsaufwand, der nur sehr eingeschränkt standardisiert werden kann. Es ergeben sich kaum Rationalisierungsmöglichkeiten und die Mitarbeiter müssen über ein breitgefächertes Know-how und eine hohe Flexibilität verfügen. Eine gleichmäßige Kapazitätsauslastung ist nur schwer zu erreichen.
Massenfertigung	Im Extremfall wird bei diesem Fertigungstyp nur ein einziges Fertigungsprodukt in sehr hoher Anzahl produziert (Zigaretten, Zement etc.). Ähnliche Bedingungen ergeben sich auch im Großserienbau (Automobilproduktion etc.). Die typische Organisationsform der Fertigung ist hierbei die Fließfertigung, auch wenn z.B. im Automobilbereich die Gruppenfertigung an Bedeutung gewinnt.	Durch die hohen Stückzahlen können Kostendegressionseffekte genutzt werden.

Tabelle 3.6: Unterschiedliche Fertigungstypen (Fortsetzung)

Fertigungstyp	Kurzcharakteristika	Besonderheiten
Sortenfertigung	Ähnlich der Massenfertigung, allerdings werden hier verschiedene Endprodukte produziert, die aber fertigungstechnisch nahezu identisch sind und auch keine unterschiedlichen Anforderungen an die Produktionsfaktoren stellen (Zündkerzen, Glühbirnen, Schuhe etc.).	Rationalisierungseffekte können hier durch Normung und Typung genutzt werden. Kosteneinsparungen lassen sich durch die richtige Bestimmung der optimalen Losgröße erreichen.
Serienfertigung	Bei der Serienfertigung werden zwar qualitativ verwandte Produkte erzeugt, die sich aber fertigungstechnisch deutlich voneinander unterscheiden (Automobile, Möbel etc.). Bei der Serienfertigung findet man sowohl die Fließ-, Gruppen- als auch die Werkstattfertigung als Organisationsform vor.	Rationalisierungseffekte können auch hier durch Normung und Typung erzielt werden. Ebenso können durch die sorgfältige Planung der optimalen Losgröße Kosteneinsparungen realisiert werden. Eine besondere Bedeutung haben bei diesem Fertigungstyp die Umrüstzeiten bzw. -kosten.
Chargenfertigung	Bei der Chargenfertigung kommt es durch leichte Qualitätsunterschiede im Produktionsprozess oder bei den Produktionsfaktoren zu ungewollten Produktdifferenzierungen, obwohl theoretisch identische Produkte geplant werden (Lebensmittelindustrie, chemische Industrie etc.). Ansonsten ist dieser Fertigungstyp ähnlich der Sorten- bzw. Serienfertigung, so dass alle Organisationsformen der Fertigung auftreten können.	Durch die angesprochenen Qualitätsunterschiede können sich im Absatzbereich Probleme ergeben, da nicht immer alle Produkte zusammen eingesetzt werden können. Zu denken ist hierbei z.B. an die Verarbeitung von Lacken, Fliesen bzw. die Zusammenstellung von Möbeln.

3.3.1.3 Eigenfertigung oder Fremdbezug

Eine weitere wesentliche Frage im Rahmen der strategischen Produktionsablaufplanung ist die, ob die geplanten Produkte selbst gefertigt oder ob sie von Dritten bezogen werden sollen. Von den zahlreichen Argumenten, die für bzw. gegen eine der Alternativen sprechen, sind in Tabelle 3.7 einige aufgeführt.

Tabelle 3.7: Eigenfertigung oder Fremdbezug

Argumente für die Eigenfertigung	Argumente für den Fremdbezug
- Geheimhaltung; - Qualitätsanforderungen; - es gibt keine Lieferanten für das entsprechende Produkt; - das Unternehmen möchte unabhängig bleiben; - Prestige- bzw. Imageüberlegungen; - Kosten- bzw. Rentabilitätsvorteile.	- Technische Know-how liegt im eigenen Unternehmen nicht vor; - es müssen Engpässe im technischen oder im Personalbereich überbrückt werden; - es werden nur Kleinserien benötigt; - es ergeben sich Kosten- bzw. Rentabilitätsvorteile; - es müssen gesetzliche Vorschriften erfüllt werden; - es ergibt sich die Möglichkeit für Gegengeschäfte.

3.3.2 Operative Produktionsablaufplanung

Die Aufgaben der operativen Produktionsablaufplanung lassen sich, wie bereits gezeigt, in die vier Bereiche:

- Faktoreinsatzplanung,
- Losgrößenplanung,
- zeitliche Produktionsverteilungsplanung und
- zeitliche Ablaufplanung

unterteilen. Auf die einzelnen Bereiche wird nachfolgend näher eingegangen.

3.3.2.1 Faktoreinsatzplanung

Bei der Faktoreinsatzplanung muss entschieden werden, mit Hilfe welcher Kombination der Inputfaktoren der gewünschte Output erzielt werden soll. Zur Beantwortung dieser Frage muss zunächst die Produktionsfunktion aufgestellt werden. Anschließend müssen die möglichen Inputkombinationen mit ihren Preisen bewertet werden. Auf diese Problembereiche wird in den nächsten Kapiteln ausführlich eingegangen, so dass an dieser Stelle auf nähere Ausführungen verzichtet wird.

3.3.2.2 Losgrößenplanung

Bei der Sorten- und Serienfertigung können durch die genaue Planung der Losgröße die Herstellkosten gesenkt werden. Unter einem Fertigungslos versteht man:

Die Mengeneinheiten, die im Rahmen der Produktion ohne Unterbrechung oder Umschaltung des Fertigungsprozesses hintereinander gefertigt werden, bilden ein Fertigungslos.

Bei der Berechnung der optimalen Losgröße nach der Andlerschen Losgrößenformel werden folgende Annahmen getroffen:

- Der Periodenbedarf ist bekannt;
- die Lose werden komplett im Lager angeliefert, wobei die Anlieferungszeit gleich 0 ist;
- der Absatz und die Entnahme aus dem Lager sind kontinuierlich, es treten keine Fehlmengen auf;
- die Herstellkosten sind von der Größe der Lose unabhängig und im Zeitverlauf konstant;

- die Rüstkosten sowie die Zins- und Lagerkostensätze sind konstant;
- es treten keinerlei Kapazitätsprobleme auf;
- jedes Erzeugnis wird isoliert gefertigt;
- der Fertigungsprozess ist einstufig mit konstanten Durchlaufzeiten.

Bei der formalen Ableitung der optimalen Losgröße werden folgende Symbole verwendet:

M = gesamter Periodenbedarf des betrachteten Produkts
h = Herstellkosten pro Mengeneinheit
k_f = losgrößenfixe Rüstkosten pro Einrichtung der Maschine
k_i = Zinssatz für die Kapitalverzinsung, bezogen auf den Wert des Lagers
k_l = Lagerkostensatz in Prozent, der pro Werteinheit im Lager zu bezahlen ist
k_{lh} = gesamter Lagerhaltungssatz in Prozent = $k_i + k_l$
K_h = gesamte unmittelbare Herstellkosten
K_f = gesamte losgrößenfixe Kosten
K_i = gesamte Kapitalbindungskosten
K_l = gesamte Lagerkosten
K_{lh} = gesamte Lagerhaltungskosten = $K_i + K_l$
K_e = entscheidungsrelevante Kosten: $K_e = K_f + K_{lh}$
m = Losgröße
n = Anzahl der Lose = M / m
K = Gesamtkosten der benötigten Mengeneinheiten

Aufgrund der Annahmen sowie der verwendeten Symbole wird deutlich, dass die Formel zur Berechnung der optimalen Losgröße formal mit der übereinstimmt, die zur Berechnung der optimalen Bestellmenge verwendet wird (vgl. Punkt 2.2.2). Als Ergebnis ergibt sich:

Gesamtkosten der benötigten Mengeneinheiten:

$$K = K_h + K_f + K_i + K_l$$

$$K = M*h + k_f * \frac{M}{m} + \frac{m}{2} * h * \frac{k_{lh}}{100}$$

die erste Ableitung dieser Funktion lautet:

$$\frac{dK}{dm} = -k_f * \frac{M}{m^2} + \frac{h * k_{lh}}{200}$$

Wird diese Ableitung gleich Null gesetzt, ergibt sich folgender Ausdruck für die optimale Losgröße:

$$m_{opt} = \sqrt{\frac{200 * M * k_f}{h * k_{lh}}}$$

Die Berechnung der optimalen Losgröße muss für jede Sorte bzw. Serie durchgeführt werden. In welcher Reihenfolge die unterschiedlichen Sorten bzw. Serien gefertigt werden, hängt unter anderem von den Aspekten ab, die in den nächsten beiden Gliederungspunkten diskutiert werden.

3.3.2.3 Zeitliche Produktionsverteilungsplanung

Die zeitliche Produktionsverteilungsplanung wird insbesondere dann notwendig, wenn die Absatzentwicklung nicht kontinuierlich ist, wie dies zum Beispiel für Saisonprodukte zutrifft. In diesen Fällen ist eine besonders enge Zusammenarbeit zwischen dem Produktions- und dem Absatzbereich notwendig.

Zur Bewältigung dieser Problematik stehen dem Unternehmen unterschiedliche Alternativen zur Verfügung (vgl. Abbildung 3.6):

- Synchronisation
- Emanzipation
- Oszillation
- Phasenverschobene Produktion
- Lohnarbeiten

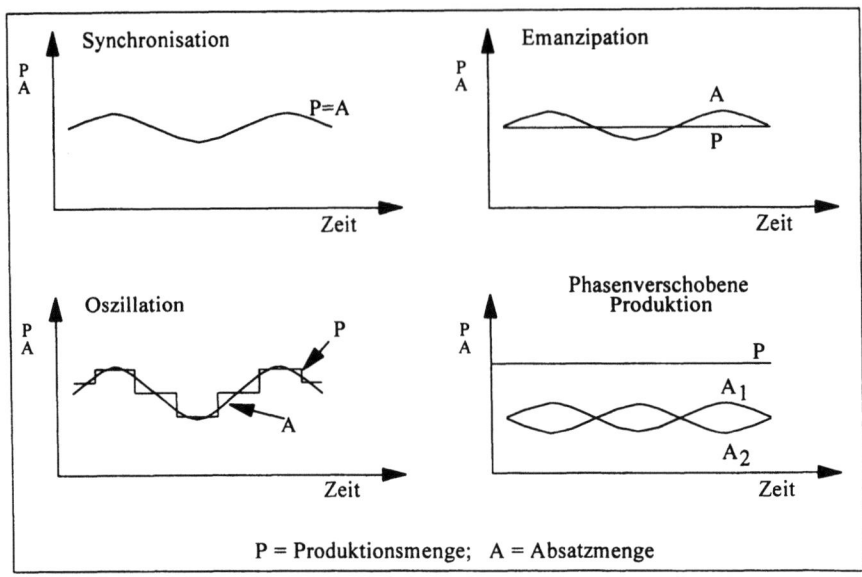

Abbildung 3.6: Ausgleichsmöglichkeiten zwischen Produktion und Absatz

Synchronisation

Bei der Synchronisation wird die Produktion der Absatzentwicklung angepasst. Dadurch können zwar umfangreiche Lagerbestände vermieden werden, die Kapazitäten werden aber sehr unterschiedlich ausgelastet, da die maximale Absatzmenge die Höhe der Kapazität bestimmt.

Emanzipation

Bei dieser Vorgehensweise wird die Produktion auf einem konstanten Niveau gehalten. Dies führt dazu, dass umfangreiche Lagerkapazitäten zur Verfügung gestellt werden müssen.

Oszillation

Die Oszillation ist eine Mischform aus der Synchronisation und der Emanzipation. Die Produktion wird immer für einen bestimmten Zeitabschnitt konstant gehalten und dann sprunghaft verändert. Nachteilig ist an dieser Vorgehensweise, dass sowohl mit einer ungleichmäßigen Kapazitätsauslastung als auch mit Lagern gearbeitet werden muss.

Phasenverschobene Produktion
Bei dieser Alternative versucht man durch die Produktion mehrerer Produkte mit unterschiedlichen saisonalen Schwankungen die Kapazitäten gleichmäßig auszulasten ohne Lagerbestände aufbauen zu müssen. Dies stellt allerdings erhöhte Anforderungen an die Arbeitskräfte, die Betriebsmittel sowie die Produktionsplanung und -steuerung. Es dürfte auch relativ schwer sein, Produkte zu finden, deren saisonaler Absatzverlauf phasenverschoben zueinander ist. Trotzdem ist dies die günstigste von den bisher genannten Alternativen.

Lohnarbeiten
Eine weitere Möglichkeit auf saisonale Absatzschwankungen zu reagieren ist die Vergabe von Aufträgen zur Befriedigung der Absatzspitzen bzw. die Übernahme von Lohnarbeiten, um Absatzflauten in der Produktion überbrücken zu können. Auf die Argumente, die für bzw. gegen die Vergabe von Produktionsaufträgen an Dritte sprechen, wurde unter Punkt 3.3.1.3 schon eingegangen.

Welche der unterschiedlichen Alternativen gewählt wird, muss letztendlich mit Hilfe der entsprechenden Kosten sowie den unternehmerischen Grundsätzen (Fremdbezug ja oder nein) entschieden werden. In vielen Fällen werden auch die technischen Rahmenbedingungen nur einen begrenzten Entscheidungsspielraum zulassen.

3.3.2.4 Zeitliche Ablaufplanung

In diesem Planungsbereich wird abschließend festgelegt, welche Aufträge konkret auf welchen Maschinen mit welchen Arbeitskräften zu welchen Zeiten ausgeführt werden sollen. Auf der Grundlage der Vorgaben für die Produktarten und -mengen sowie den zugesagten Lieferterminen müssen die Start- und Endtermine für die notwendigen Arbeitsschritte genau bestimmt werden. Zur Festlegung der Auftragsreihenfolge und der Maschinenbelegungspläne sind umfangreiche Kenntnisse der technischen Anforderungen, der Abfolgen im Produktionsprozess sowie der Durchlaufzeiten für die unterschiedlichen Arbeitsschritte notwendig. Die Lösung dieser Probleme erfolgt in der Praxis mit Hilfe statistisch-mathematischer Methoden, auf die an dieser Stelle aber nicht eingegangen wird. Beispielhaft wird nachfolgend nur kurz die Durchlaufterminplanung vorgestellt.

Im Rahmen der Durchlaufterminplanung wird die Zeitspanne zwischen dem Beginn des ersten Arbeitsschritts und der Fertigstellung des Produkts bestimmt. Je nachdem, ob der frühestmögliche Fertigstellungstermin oder der spätestmögliche Anfangstermin bestimmt werden soll, spricht man von einer progressiven bzw. einer retrograden Planung.

Progressive Planung
Bei der progressiven Planung wird zunächst der frühestmögliche Starttermin festgelegt. Anschließend werden die Durchlaufzeiten für die unterschiedlichen Arbeitsschritte erfasst und aufaddiert, wodurch sich der Termin ergibt, zu dem der Produktionsprozess frühestens abgeschlossen ist.

Retrograde Planung
Die retrograde Planung wird eingesetzt, wenn der Termin, an dem die Produktion abgeschlossen sein muss, vorgegeben wird. Ausgehend von diesem Termin werden -analog zur progressiven Planung- die Durchlaufzeiten für die unterschiedlichen Arbeitsschritte addiert und so der spätestmögliche Anfangstermin bestimmt. Ebenso wie bei der progressiven Planung sind genügend Pufferzeiten zu berücksichtigen, damit trotz kleinerer Störungen die Terminvorgaben eingehalten werden können.

Übungsaufgaben zum 3. Kapitel

Aufgabe 3.1:
Welche verschiedenen Bereiche kann man im Rahmen der Produktionsplanung unterscheiden und in welchem Zusammenhang stehen diese Teilbereiche zueinander und zur Unternehmensplanung?

Aufgabe 3.2:
Welche Abteilungen sind bei der Festlegung des Produktionssortiments beteiligt? Mit welchen Problemen ist bei dieser Entscheidung zu rechnen?

Aufgabe 3.3:
Für die nächste Periode ergeben sich folgende Produktionsalternativen:

Produkt	x_{max}	k_v	k_f	k	p
1	600	15	5	20	23
2	900	20	7	27	29
3	700	14	4	18	15
4	1100	14	5	19	27

Hierbei bedeuten:

x_{max} = maximal absetzbare Menge

k_v = variable Stückkosten

k_f = fixe Stückkosten bei maximaler Absatzmenge

k = gesamte Stückkosten bei maximaler Absatzmenge

p = Absatzpreis pro Stück

a) Welcher Gewinn lässt sich in dieser Situation maximal erzielen?

b) Wie verändert sich das Ergebnis, wenn insgesamt nur 12.000 Kapazitätseinheiten zur Verfügung stehen und folgende Produktionskoeffizienten vorliegen:
$PK_1 = 3$; $PK_2 = 1$; $PK_3 = 6$ und $PK_4 = 10$?

Aufgabe 3.4:

Ein Unternehmen produziert zwei Produkte (x_1 und x_2), wobei für beide Produkte die Rohstoffe r_1 und r_2 benötigt werden. Die Produktionskoeffizienten betragen:

	Produkt x_1	Produkt x_2
Rohstoff r_1	$PK_{x_1,r_1} = 2$	$PK_{x_2,r_1} = 4$
Rohstoff r_2	$PK_{x_1,r_2} = 3$	$PK_{x_2,r_2} = 2$

Insgesamt verfügt das Unternehmen über 160 Einheiten von r_1 und 120 Einheiten von r_2. Der Deckungsbeitrag, der mit x_1 erzielt werden kann, liegt bei DM 50, für x_2 ergibt sich ein Deckungsbeitrag von DM 80.

Welchen Gewinn kann das Unternehmen bei dieser Ausgangssituation maximal erzielen?

Aufgabe 3.5:

In welchen Fällen ist ein Fremdbezug der Eigenfertigung vorzuziehen?

Aufgabe 3.6:

Der Gesamtbedarf von Produkt x_1 beträgt für eine Periode 10.000 Mengeneinheiten. Die Herstellkosten pro Mengeneinheit liegen bei DM 8. Die Unternehmensleitung überlegt, ob sie den gesamten Periodenbedarf auf einmal oder in verschiedenen Losen fertigen soll. Folgende Informationen stehen den Entscheidern zur Verfügung:

Losgrößenfixe Kosten:	DM 20
Zinssatz für die Kapitalverzinsung, bezogen auf den Lagerwert:	3 %
Lagerkostensatz, pro Werteinheit im Lager:	2 %

Welche Entscheidung sollte das Unternehmen treffen? Wie hoch sind die Gesamtkosten der benötigten Menge mindestens?

Aufgabe 3.7:

Welche Möglichkeiten hat ein Unternehmen, wenn die Absatzentwicklung nicht kontinuierlich ist? Welche Vor- bzw. Nachteile haben die verschiedenen Alternativen?

4. Produktionstheorie

4.1 Klassifizierung von Produktionsmodellen

Produktionsfunktionen beschreiben in mathematisch-formaler Weise den mengenmäßigen Zusammenhang zwischen dem Faktoreinsatz (Input) und dem Faktorertrag (Output).

Implizit geht man bei der Betrachtung von Produktionsfunktionen davon aus, dass nur effiziente Produktionspunkte betrachtet werden, das heißt, zu jeder Inputkombination wird der maximal mögliche Output berechnet. Produktionsfunktionen stellen somit nur die effiziente Untermenge der gesamten Technologiemenge dar. Eine Technologie umfasst alle Input-Output-Kombinationen (und somit auch ineffiziente Produktionspunkte), die dem Unternehmen aufgrund seines technischen Know-hows zur Verfügung stehen, wobei diese Menge durch die zur Verfügung stehenden Ressourcen beschränkt wird.

Die allgemeine implizite Form einer Produktionsfunktion lautet:

$$f(x_1, x_2, ..., x_m; v_1, v_2, ..., v_n) = 0$$

In der expliziten Schreibweise ergibt sich:

$$(x_1, x_2, ..., x_m) = f(v_1, v_2, ... v_n)$$

Diese Funktion wird auch als Produkt- bzw. (Gesamt-)Ertragsfunktion bezeichnet, wohingegen die Faktorfunktion folgende allgemeine Form aufweist:

$$(v_1, v_2, ..., v_n) = f(x_1, x_2, ... x_m)$$

v_i = Einsatzmengen der Inputfaktoren V_i; $i = 1, 2, ..., n$
x_j = Ausbringungsmenge der produzierten Güter X_j; $j = 1, 2, ..., m$

f = Funktionsvorschrift, nach der sich aus den Inputfaktoren v_i die Funktionswerte x_j ergeben (bei der Faktorfunktion gilt der umgekehrte Zusammenhang).

Eine Produktionsfunktion stellt gleichzeitig die einfachste Form eines Produktionsmodells dar, das in der Regel aus unterschiedlichen Produktionsfunktionen und den bestehenden Restriktionen (Beschaffungsmöglichkeit der Inputfaktoren, Absatzbeschränkungen etc.) besteht.

Je nach Betrachtungsart kann man Produktionsmodelle nach unterschiedlichen Kriterien klassifizieren (vgl. Tabelle 4.1).

Tabelle 4.1: Klassifizierung von Produktionsmodellen

Klassifizierungsmerkmal	Ausprägungen
Faktorbeziehung	- substitutionale Faktorbeziehung - limitationale Faktorbeziehung
Berücksichtigung der Zeit	- statische Produktionsmodelle - dynamische Produktionsmodelle
Konstanz der Umweltbedingungen	- deterministische Produktionsmodelle - stochastische Produktionsmodelle
Anzahl der produzierten Produktarten	- Einprodukt-Produktionsmodelle - Mehrprodukt-Produktionsmodelle
Anzahl der Fertigungsstufen	- einstufige Produktionsmodelle - mehrstufige Produktionsmodelle
Faktor-Produkt-Beziehung	- unmittelbare Faktor-Produkt-Beziehung - mittelbare Faktor-Produkt-Beziehung

4.1.1 Faktorbeziehung

In Abhängigkeit von der Faktorbeziehung kann man zwischen substitutionalen und limitationalen Produktionsmodellen mit ihren jeweigen Unterformen unterscheiden (vgl. Abbildung 4.1). Bei substitutionalen Produktionsmodellen besteht die Möglichkeit, bei konstantem Output einen Produktionsfaktor durch einen anderen zu substituieren.

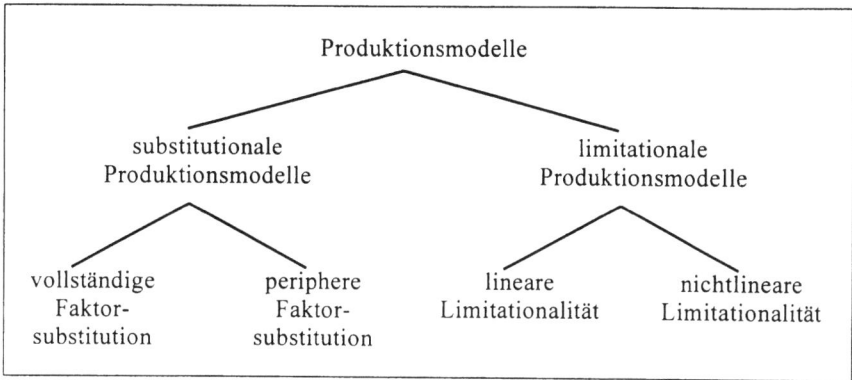

Abbildung 4.1: Substitutionale und limitationale Produktionsmodelle

Je nachdem, ob bei der Produktion ein Faktor vollständig substituiert werden kann oder ob von allen Inputfaktoren eine Mindestmenge benötigt wird, spricht man von einer vollständigen bzw. einer peripheren Faktorsubstitution. In Abbildung 4.2 sind die beiden Fälle graphisch dargestellt, wobei nur eine Outputart und zwei Inputfaktoren betrachtet werden.

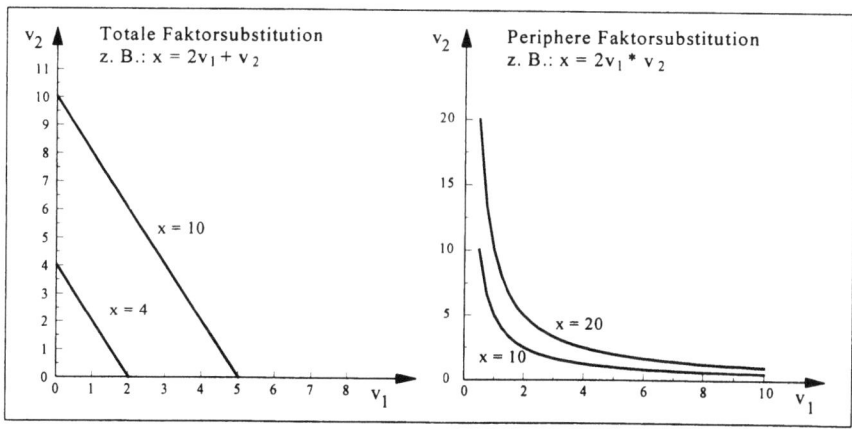

Abbildung 4.2: Vollständige und periphere Faktorsubstitution

Bei limitationalen Faktorverhältnissen ist dagegen eine effiziente Produktion nur dann möglich, wenn die Inputfaktoren in einem bestimmten Verhältnis zueinander stehen (vgl. Gliederungspunkt 4.4). Dieses Faktorverhältnis wird von den technischen Zusammenhängen determiniert. Bleiben die Produktionskoeffizienten (Faktorbedarf pro Outputeinheit) bei unterschiedlichen Produktionsmengen konstant, liegen linear-limitationale Produktionsmodelle vor, im anderen Fall spricht man von nichtlinear-limitationalen Modellen.

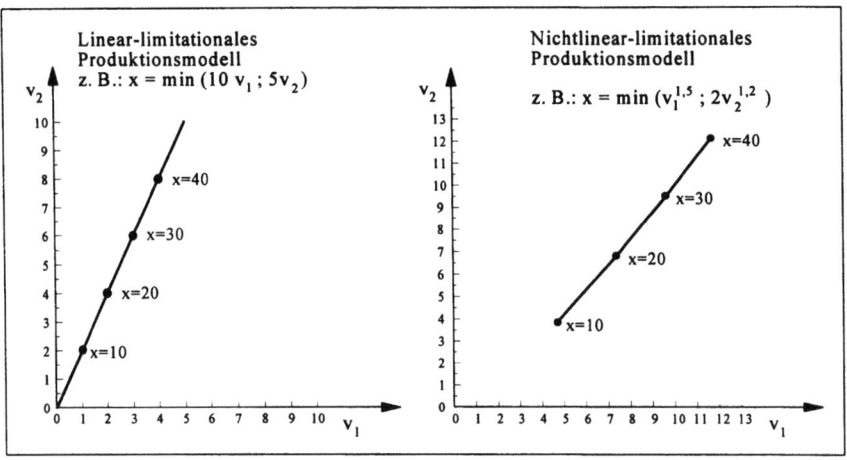

Abbildung 4.3: Linear limitationale und nichtlinear-limitationale Produktionsmodelle

In Abbildung 4.3 ist in der linken Hälfte der Verlauf einer linear limitationalen Produktionsfunktion dargestellt. Man kann erkennen, dass zur Steigerung des Outputs um 10 Einheiten jeweils die gleichen zusätzlichen Mengen von beiden Inputfaktoren benötigt werden, das bedeutet, es liegen konstante Produktionskoeffizienten vor. Rechts ist eine nichtlinear-limitationale Produktionsfunktion dargestellt, wobei es sich bei diesem Beispiel um eine Funktion mit fallenden Produktionskoeffizienten und einem variablen Faktoreinsatzverhältnis handelt.

4.1.2 Berücksichtigung der Zeit

Im Rahmen von statischen Produktionsmodellen werden die zu untersuchenden Beziehungen zwischen den Outputgütern und den Inputfaktoren nur für eine konstante Bezugsperiode betrachtet. Werden dagegen mehrere Zeitpunkte in die Analyse mit einbezogen, spricht man von dynamischen

Modellen. Beispielsweise können Lernprozesse, technologische Weiterentwicklungen oder mehrperiodige Produktionsprozesse in diesen Modellen abgebildet werden.

4.1.3 Konstanz der Umweltbedingungen

Bei der Analyse von Produktionsprozessen werden in der Regel sichere Erwartungen bezüglich des Ablaufs der Produktion unterstellt, das heißt, es wird mit deterministischen Produktionsmodellen gearbeitet. Wird diese Annahme aufgegeben, liegen stochastische Modelle vor. Eine Möglichkeit, ein stochastisches Produktionsmodell zu generieren besteht darin, die Produktionskoeffizienten nicht als feste Größe, sondern als Zufallsvariablen zu definieren.

4.1.4 Anzahl der produzierten Produktarten

In vielen Unternehmen wird nicht nur ein Produkt (Einprodukt-Produktionsmodell), sondern ein ganzes Produktsortiment produziert (Mehrprodukt-Produktionsmodell). Da in der Regel zur Produktion der unterschiedlichen Produkte die gleichen Inputfaktoren benötigt werden, ergibt sich ein erhöhter Aufwand für die Produktionsplanung und -steuerung. Die Anzahl der Restriktionsgleichungen liegt bei den Mehrprodukt-Modellen häufig über der der Produktionsfunktionen. Ein Spezialfall der Mehrprodukt-Produktion stellt die Kuppelproduktion dar, bei der in einem Produktionsprozess mehrere Güter parallel produziert werden.

4.1.5 Anzahl der Fertigungsstufen

Eine weitere Unterscheidung der Produktionsmodelle kann anhand der Anzahl der Fertigungsstufen erfolgen. Von einer einstufigen Fertigung spricht man, wenn zur Produktion des Outputs nur eine Fertigungsstufe benötigt wird. Häufiger ist in der Industrie aber der Fall anzutreffen, dass zur Fertigung der Endprodukte mehrere Fertigungsstufen notwendig sind. Formal anspruchsvoll werden diese Modelle, wenn zur Herstellung der Produkte Zwischenprodukte benötigt werden, die auf vorgelagerten Produktionsstufen gefertigt werden müssen.

4.1.6 Faktor-Produkt-Beziehung

Das letzte hier angesprochene Unterscheidungskriterium bezieht sich auf die Frage, ob ein unmittelbarer oder ein mittelbarer Zusammenhang zwischen den Inputfaktoren und dem Output unterstellt wird. Im ersten Fall sind die Inputfaktoren die unabhängigen, der Output die abhängige Variable in der Produktionsfunktion; z.B.: $x = f(v_1; v_2)$. Bei der mittelbaren Faktor-Produkt-Beziehung wird dieser direkte Bezug aufgelöst, indem zum Beispiel der Faktorverbrauch in Abhängigkeit von der Nutzung der Potentialfaktoren definiert wird. In Gliederungspunkt 4.4.2 wird ausführlich auf diese Art der Darstellung eingegangen.

Die weiteren Ausführungen beschränken sich auf statische, deterministische, Einprodukt- und einstufige Produktionsmodelle. Da sich aufgrund dieser Einschränkungen nur noch Produktionsmodelle mit einer Produktionsfunktion ergeben, wird nachfolgend von Produktionsfunktionen gesprochen.

4.2 Produktionstheoretische Grundbegriffe

Zur Beschreibung der Produktionssituation ist zu analysieren, wie sich die Variation der Inputfaktoren auf den Output auswirkt. Je nachdem, ob nur die Veränderung eines bzw. mehrerer oder aller Inputfaktoren untersucht wird, handelt es um eine partielle bzw. um eine totale Faktorvariation. Die wichtigsten Grundbegriffe der Partial- bzw. Totalanalyse werden in den nachfolgenden Kapiteln diskutiert. Als Annahme wird unterstellt, dass die Produktionsfunktionen in den betrachteten Bereichen stetig und differenzierbar sind.

4.2.1 Partialanalyse

In der Partialanalyse, in der mindestens ein, aber nicht alle Inputfaktoren variiert werden, sind folgende Größen von Bedeutung:

- partielle Ertragsfunktion,
- Durchschnittsertrag,
- Produktionskoeffizient,
- partielle Grenzproduktivität,
- partieller Grenzertrag/Grenzprodukt,
- Produktionselastizität.

4.2.1.1 Partielle Ertragsfunktion

Bei der partiellen Ertragsfunktion wird der Verlauf des Outputs in Abhängigkeit nur eines Inputfaktors betrachtet, wobei alle anderen Inputfaktoren konstant gehalten werden.

Geht man von der allgemeinen Produktionsfunktion

$$x = f(v_1, v_2, ..., v_n)$$

aus, so ergibt sich als partielle Ertragsfunktion des Faktors v_1:

$$x_1 = f(v_1, \bar{v}_2, ..., \bar{v}_n)$$

Beispiel 4.1: Partielle Ertragsfunktion

Gegeben ist die Produktionsfunktion $x = 0{,}1 * v_1^2 * v_2$.
Wie lautet die partielle Ertragsfunktion bezüglich des Faktors v_1, an der Stelle $v_2 = 5$?
Die partielle Ertragsfunktion bezüglich v_1 lautet für $v_2 = 5$:
$x_1 = 0{,}1 * v_1^2 * 5$
$x_1 = 0{,}5 * v_1^2$

Der Zusatz „für $v_2 = 5$" ist notwendig, da sich für jeden v_2-Wert eine unterschiedliche partielle Ertragsfunktion für v_1 ergibt (vgl. Tabelle 4.2).

Tabelle 4.2: Partielle Ertragsfunktion von v_1 bei alternativen Werten für v_2

v_1	x_1 für $v_2 = 5$: $0{,}5 * v_1^2$	x_1 für $v_2 = 2$: $0{,}2 * v_1^2$	x_1 für $v_2 = 8$: $0{,}8 * v_1^2$
1	0,5	0,2	0,8
2	2,0	0,8	3,2
3	4,5	1,8	7,2
4	8,0	3,2	12,8
5	12,5	5,0	20,0

4.2.1.2 Durchschnittsertrag

Der Durchschnittsertrag, der auch als Produktivität eines Faktors bezeichnet wird, gibt an, wie viele Mengeneinheiten des Outputs pro eingesetzter Inputeinheit produziert werden können.

Der Durchschnittsertrag ergibt sich als Quotient zwischen dem Output und dem betreffenden Inputfaktor:

$$DE_i = \frac{x}{v_i}$$

Beispiel 4.2: Durchschnittsertrag

Gegeben ist die Produktionsfunktion $x = 0{,}1 * v_1^2 * v_2$.
Wie hoch ist der Durchschnittsertrag des Faktor v_1, für $v_2 = 5$?
Der Durchschnittsertrag bezogen auf v_1 beträgt an der Stelle $v_2 = 5$:

$$DE_1 = \frac{x}{v_1} = \frac{0{,}1 * v_1^2 * v_2}{v_1} = 0{,}5 * v_1$$

Der Zusatz „an der Stelle $v_2 = 5$" ist auch hier notwendig, da der Durchschnittsertrag von v_1 vom Wert von v_2 abhängig ist (vgl. Tabelle 4.3).

Tabelle 4.3: Durchschnittsertrag von v_1 bei alternativen Werten von v_2

v_1	x für $v_2 = 5$	DE_1 für $v_2 = 5$	x für $v_2 = 2$	DE_1 für $v_2 = 2$	x für $v_2 = 8$	DE_1 für $v_2 = 8$
1	0,5	0,5	0,2	0,2	0,8	0,8
2	2,0	1,0	0,8	0,4	3,2	1,6
3	4,5	1,5	1,8	0,6	7,2	2,4
4	8,0	2,0	3,2	0,8	12,8	3,2
5	12,5	2,5	5,0	1,0	20,0	4,0

4.2.1.3 Produktionskoeffizient

Der Produktionskoeffizient gibt an, wie viele Mengeneinheiten eines bestimmten Inputfaktors zur Produktion einer Outputeinheit benötigt werden.

Berechnet wird der Produktionskoeffizient wie folgt:

$$PK_i = \frac{v_i}{x}$$

Anhand der Formel wird deutlich, dass der Produktionskoeffizient der Kehrwert des Durchschnittsertrags ist.

Beispiel 4.3: Produktionskoeffizient

Gegeben ist die Produktionsfunktion $x = 0{,}1 * v_1^2 * v_2$.

Wie lautet der Produktionskoeffizient des Faktors v_1 für $v_2 = 5$?

Der Produktionskoeffizient von v_1 beträgt an der Stelle $v_2 = 5$:

$$PK_1 = \frac{v_1}{0,1 * v_1^2 * 5} = \frac{2}{v_1}$$

Hier ist der Zusatz „an der Stelle $v_2 = 5$" ebenfalls notwendig, da sich PK_1 ändert, wenn v_2 einen anderen Wert annimmt (vgl. Tabelle 4.4).

Tabelle 4.4: Produktionskoeffizient von v_1 bei alternative Werten für v_2

v_1	x für $v_2 = 5$	PK_1 für $v_2 = 5$	x für $v_2 = 2$	PK_1 für $v_2 = 2$	x für $v_2 = 8$	PK_1 für $v_2 = 8$
1	0,5	2,00	0,2	5,00	0,8	1,25
2	2,0	1,00	0,8	2,50	3,2	0,63
3	4,5	0,67	1,8	1,67	7,2	0,42
4	8,0	0,50	3,2	1,25	12,8	0,31
5	12,5	0,40	5,0	1,00	20,0	0,25

4.2.1.4 Partielle Grenzproduktivität

Die partielle Grenzproduktivität bringt zum Ausdruck, wie sich eine infinitesimal kleine Variation eines Inputfaktors auf den Output auswirkt.

Berechnet wird die partielle Grenzproduktivität als erste partielle Ableitung der Produktionsfunktion nach dem betrachteten Inputfaktor:

$$GP_i = \frac{\partial x}{\partial v_i}$$

In Abhängigkeit von der Größe der GP kann man folgende Aussagen treffen:

GP$_i$ > 0   wird der Inputfaktor v$_i$ erhöht (vermindert), dann erhöht (vermindert) sich auch der Output; daß heißt, es liegen positive partielle Grenzerträge vor;

GP$_i$ = 0   die Höhe des Outputs verändert sich nicht, wenn v$_i$ variiert wird; dass heißt, die partiellen Grenzerträge sind gleich Null;

GP$_i$ < 0   wird der Inputfaktor v$_i$ erhöht (vermindert), dann vermindert (erhöht) sich auch der Output; dass heißt, es liegen negative partielle Grenzerträge vor.

Beispiel 4.4: Grenzproduktivität

Gegeben ist die Produktionsfunktion $x = 0{,}1 * v_1^2 * v_2$.

Wie lautet die partielle Grenzproduktivität des Faktors v_1 für $v_2 = 5$?

Die partielle Grenzproduktivität von v_1 beträgt für $v_2 = 5$:

$$GP_1 = 0{,}1 * 2 * v_1^1 * 5 = v_1$$

Auch hier ist der Zusatz „an der Stelle $v_2 = 5$" notwendig, da sich GP$_1$ ändert, wenn v_2 einen anderen Wert annimmt (vgl. Tabelle 4.5).

Tabelle 4.5: Partielle Grenzproduktivität von v_1 bei alternativen Werten für v_2

v_1	x für $v_2 = 5$	GP$_1$ für $v_2 = 5$	x für $v_2 = 2$	GP$_1$ für $v_2 = 2$	x für $v_2 = 8$	GP$_1$ für $v_2 = 8$
1	0,5	1	0,2	0,4	0,8	1,6
2	2,0	2	0,8	0,8	3,2	3,2
3	4,5	3	1,8	1,2	7,2	4,8
4	8,0	4	3,2	1,6	12,8	6,4
5	12,5	5	5,0	2,0	20,0	8,0

4.2.1.5 Partieller Grenzertrag

Der partielle Grenzertrag gibt an, wie sich der Output verändert, wenn v_i um dv_i variiert wird.

Berechnet wird der partielle Grenzertrag als Produkt der partiellen Grenzproduktivität und dv_i:

$$GE_i = \frac{\partial x}{\partial v_i} * dv_i$$

Der GE_i gibt nur für eine infinitesimal kleine Variation von v_i oder bei linearen Beziehungen zwischen der Ausbringungsmenge und dem Inputfaktor die exakte Veränderung des Outputs wieder. In der Regel handelt es sich hierbei somit um einen Näherungswert. Dies ist dadurch zu erklären, daß die partielle Grenzproduktivität als Differentialquotient in jedem Punkt der Ertragsfunktion einen anderen Wert annimmt, wenn die angesprochene lineare Beziehung zwischen Output und Input nicht vorliegt.

Beispiel 4.5: Partieller Grenzertrag

Gegeben ist die Produktionsfunktion $x = 0{,}1 * v_1^2 * v_2$.
Wie lautet der partielle Grenzertrag von v_1 für $dv_1 = 2$ und $v_2 = 5$?
Der partielle Grenzertrag von v_1 für $dv_1 = 2$ beträgt an der Stelle $v_2 = 5$:

$$GE_1 = 0{,}1 * 2 * v_1^1 * 5 * 2 = 2 * v_1$$

Auch hier ist der Zusatz „an der Stelle $v_2 = 5$" notwendig, da sich GE_1 ändert, wenn v_2 einen anderen Wert annimmt (vgl. Tabelle 4.6).

In Tabelle 4.6 wird deutlich, daß in Abhängigkeit von der Produktionsfunktion und der Veränderung des Inputfaktors der partielle Grenzertrag nur Annäherungen an die Outputveränderung angeben kann, deren Genauigkeitsgrad mit zunehmender Verringerung von dv_1 immer größer wird.

Tabelle 4.6: Partieller Grenzertrag von v_1 bei alternativen Werten für v_2

v_1	x für $v_2=5$	GE_1 für $d_{v1}=2; v_2=5$	x für $v_2=2$	GE_1 für $dv_1=2; v_2=2$	x für $v_2=5$	GE_1 für $dv_1=1; v_2=5$
1	0,5	2	0,2	0,8	0,5	1
2	2,0	4	0,8	1,6	2,0	2
3	4,5	6	1,8	2,4	4,5	3
4	8,0	8	3,2	3,2	8,0	4
5	12,5	10	5,0	4,0	12,5	5

Zum Beispiel ergibt sich bei $v_1 = 2$, $v_2 = 5$ und $dv_1 = 2$ ein partieller Grenzertrag von 4. Das bedeutet, bei $v_1 = 4$ und $v_2 = 5$ müsste sich ein Output von 6 Einheiten ergeben. Tatsächlich liegt dieser Wert aber bei 8 Einheiten (Unterschätzung: 33,3 %). Geringer ist die Abweichung zwischen Schätzwert und wahrem Wert, wenn bei $v_1 = 2$ und $v_2 = 5$ v_1 um eine Einheit erhöht wird. Mit Hilfe von GE_1 ergibt sich ein Output für $v_1 = 3$ und $v_2 = 5$ von 4, wohingegen der wahre Wert 4,5 beträgt (Unterschätzung: 12,5 %).

4.2.1.6 Produktionselastizität

Die Produktionselastizität gibt an, um wie viel Prozent sich der Output in Abhängigkeit von einer relativen Variation eines Inputfaktors verändert.

Im Gegensatz zu den bisher diskutierten Variablen werden bei der Produktionselastizität keine absoluten, sondern relative Größen betrachtet. Sie berechnet sich als Produkt aus der partiellen Grenzproduktivität und dem Produktionskoeffizienten:

$$PE_i = \frac{\partial x}{\partial v_i} * \frac{v_i}{x}$$

Beispiel 4.6: Produktionselastizität

Gegeben ist die Produktionsfunktion $x = 0{,}1*v_1^2*v_2$.
Wie lautet die Produktionselastizität des Faktors v_1 an der Stelle $v_2 = 5$?
Die Produktionselastizität v_1 beträgt an der Stelle $v_2 = 5$:

$$PE_1 = 0{,}1*2*v_1^1*v_2*\frac{v_1}{0{,}1*v_1^2*v_2} = \frac{0{,}2}{0{,}1} = 2$$

Da es sich bei der gewählten Produktionsfunktion um eine Funktion mit einer konstanten Produktionselastizität handelt, kann der Zusatz „an der Stelle $v_2 = 5$" weggelassen werden. Eine Produktionselastizität von 2 bedeutet, dass wenn v_1 um x Prozent variiert, der Output um 2*x Prozent verändert wird.

Aufgrund dessen, dass zur Berechnung der Produktionselastizität die Grenzproduktivität benötigt wird, handelt es sich auch bei dieser Variablen nur um einen Näherungswert, der um so besser ist, je geringer die relative Veränderung des Inputfaktors gewählt wird (vgl. Tabelle 4.7).

Tabelle 4.7: Produktionselastizität von v_1

v_1	x für $v_2=5$	rel. dv_1	v_1 neu	x neu	theoretische rel. dx	tatsächliche rel. dx
2	2	20,0 %	2,40	2,880	2*20,00 % = 40 %	44,000 %
2	2	10,0 %	2,20	2,420	2*10,00 % = 20 %	21,000 %
2	2	5,0 %	2,10	2,205	2* 5,00 % = 10 %	10,250 %
2	2	1,0 %	2,02	2,040	2* 1,00 % = 2 %	2,010 %
2	2	0,5 %	2,01	2,020	2* 0,05 % = 1 %	1,003 %

Bei anderen Produktionsfunktionen kann die Produktionselastizität von der Höhe des anderen Inputfaktors abhängig sein, wie dies zum Beispiel bei der Funktion:

$$x = 3 * v_1^2 + v_2.$$

der Fall ist.

Hier ergibt sich als Produktionselastizität für den Faktor v_1:

$$PE_1 = 3*2*v_1^1 * \frac{v_1}{3*v_1^2 + v_2} = \frac{6*v_1^2}{3*v_1^2 + v_2}$$

4.2.2 Totalanalyse

Im Gegensatz zur Partialanalyse, bei der die Auswirkungen der Veränderung eines oder mehrerer Inputfaktoren analysiert wird, werden bei der Totalanalyse alle Inputfaktoren variiert. Nachfolgend wird auf den

- totalen Grenzertrag, die
- Niveaugrenzproduktivität (Skalenerträge), die
- Skalenelastizität und die
- homogenen Produktionsfunktionen

näher eingegangen.

4.2.2.1 Totaler Grenzertrag

Der totale Grenzertrag gibt an, um wie viel sich der Output verändert, wenn mindestens zwei Inputfaktoren variiert werden.

Berechnet wird diese Variable als Summe der partiellen Grenzerträge:

$$TGE = dx = \frac{\partial x}{\partial v_1} * dv_1 + \frac{\partial x}{\partial v_2} * dv_2 + ... + \frac{\partial x}{\partial v_n} * dv_n$$

Beispiel 4.7: Totaler Grenzertrag

Gegeben ist die Produktionsfunktion $x = 0{,}1 * v_1^2 * v_2$.

Welchen Wert hat der totale Grenzertrag an der Stelle $v_1 = 2$ und $v_2 = 3$ für $dv_1 = 1$ und $dv_2 = 2$?

Der totale Grenzertrag beträgt an der Stelle $v_1 = 2$ und $v_2 = 3$ für $dv_1 = 1$ und $dv_2 = 2$:

$$\text{TGE} = dx = \frac{\partial x}{\partial v_1} * dv_1 + \frac{\partial x}{\partial v_2} * dv_2$$

$$\text{TGE} = dx = 0{,}1 * 2 * v_1^1 * v_2 * dv_1 + 0{,}1 * v_1^2 * 1 * dv_2$$

$$\text{TGE} = dx = 0{,}2 * 2 * 3 * 1 + 0{,}1 * 2^2 * 1 * 2 = 1{,}2 + 0{,}8 = 2$$

Wird der Inputfaktor v_1 von 2 auf 3 und v_2 von 3 auf 5 erhöht, dann ändert sich der Output theoretisch um 2 Einheiten. Tatsächlich ergibt sich allerdings eine Steigerung von 3,3 auf 4,5 Mengeneinheiten. Es handelt sich beim totalen Grenzertrag aus den gleichen Gründen wie beim partiellen Grenzertrag um eine Näherung, die wiederum um so besser ist, je kleiner die Veränderungen der Inputfaktoren ausfallen.

Eine besondere Bedeutung bekommt der totale Grenzertrag in den Fällen, in denen bei einem konstanten Output ein Austausch der Produktionsfaktoren vorgenommen wird. Auf dieses Problem wird im Rahmen der Diskussion der Grenzrate der Substitution noch ausführlich eingegangen (vgl. Gliederungspunkt 4.2.3.3).

4.2.2.2 Niveaugrenzproduktivität / Skalenerträge

Der totale Grenzertrag wurde herangezogen, um die Auswirkungen der absoluten Veränderung aller Inputfaktoren zu berechnen. Bei der Niveauvariation wird analysiert, wie sich der Output verändert, wenn alle Inputfaktoren im gleichen Verhältnis variiert werden, das heißt, wenn das Faktoreinsatzverhältnis konstant bleibt.

Unter einer Niveauvariation versteht man die proportionale Veränderung aller Inputfaktoren.

Wählt man das Ausgangs- bzw. Basisniveau:

$$x^o = f\left(v_1^o, v_2^o, ..., v_n^o\right)$$

dann führt eine Niveauvariation um den Faktor λ zu folgender Gleichung:

$$\lambda^q * x^o = f\left(\lambda v_1^o, \lambda v_2^o, ..., \lambda v_n^o\right)$$

Das Prozess- oder Produktionsniveau λ gibt die relative Veränderung der Inputfaktoren an.

Da alle Faktoren im gleichen Verhältnis variiert werden sollen, gilt für λ:

$$\lambda = \frac{v_1}{v_1^o} = \frac{v_2}{v_2^o} = ... = \frac{v_n}{v_n^o}$$

Für das Ausgangs- bzw. Basisniveau ergibt sich ein λ von 1 (Einheitsniveau).

Aus obiger Gleichung folgt:

$$dv_1 = v_1^o * d\lambda$$
$$dv_2 = v_2^o * d\lambda$$
$$......$$
$$......$$
$$dv_n = dv_n^o * d\lambda$$

Zur Berechnung der Niveaugrenzproduktivität (NGP) bzw. der Skalenerträge (SKE) wird zunächst das totale Differential (totaler Grenzertrag) der Produktionsfunktion gebildet:

$$TGE = dx = \frac{\partial x}{\partial v_1}*dv_1 + \frac{\partial x}{\partial v_2}*dv_2 +\ldots\ldots + \frac{\partial x}{\partial v_n}*dv_n$$

Ersetzt man nun dv_i durch $v_i^o*d\lambda$ kann man den TGE auch schreiben als:

$$TGE = dx = \left(\frac{\partial x}{\partial v_1}*v_1^o + \frac{\partial x}{\partial v_2}*v_2^o +\ldots\ldots + \frac{\partial x}{\partial v_n}*v_n^o\right)*d\lambda$$

Leitet man diese Funktion nach $d\lambda$ ab, ergibt sich die Niveaugrenzproduktivität:

$$NGP = \frac{dx}{d\lambda} = \frac{\partial x}{\partial v_1}*v_1^o + \frac{\partial x}{\partial v_2}*v_2^o +\ldots\ldots + \frac{\partial x}{\partial v_n}*v_n^o$$

Die Niveaugrenzproduktivität gibt an, inwieweit sich die Ausbringungsmenge verändert (dx), wenn das Prozessniveau variiert (dλ) wird. Synonym zum Begriff Niveaugrenzproduktivität wird häufig auch von Skalenerträgen gesprochen.

Beispiel 4.8: Niveaugrenzproduktivität

Gegeben ist die Produktionsfunktion $x = 0{,}1*v_1^2*v_2$.

Wie lautet die Niveaugrenzproduktivität für diese Funktion an der Stelle $v_1 = 3$ und $v_2 = 5$?

Die Niveaugrenzproduktivität der Funktion an der Stelle $v_1 = 3$ und $v_2 = 5$ beträgt:

$$NGP = \frac{\partial x}{\partial v_1}*v_1^o + \frac{\partial x}{\partial v_2}*v_2^o$$

$$NGP = 0{,}1*2*v_1^1*v_2*v_1^o + 0{,}1*v_1^2*1*v_2^o$$

$$NGP = 0{,}1*2*3*5*3 + 0{,}1*3^2*1*5 = 9 + 4{,}5 = 13{,}5$$

Die Höhe der Niveaugrenzproduktivität ist somit vom Ausgangsniveau der beiden Inputfaktoren abhängig (vgl. Tabelle 4.8).

Tabelle 4.8: Niveaugrenzproduktivität / Skalenerträge

v_1^o	v_2^o	$\dfrac{\partial x}{\partial v_1} * v_1^o$	$\dfrac{\partial x}{\partial v_2} * v_2^o$	NGP
1	1	0,2	0,1	0,3
2	2	1,2	0,8	2,0
3	3	5,4	2,7	8,1
4	4	12,8	6,4	19,2
5	5	25,0	12,5	37,5

Wird nun für die Veränderung der Inputfaktoren ein konkreter Wert gewählt, kann man die absolute Veränderung der Ausbringungsmenge berechnen, indem man die Niveaugrenzproduktivität mit dλ multipliziert. Die Problematik der Genauigkeit dieser Vorgehensweise wurde im Gliederungspunkt 4.2.3.1 schon ausführlich erörtert.

4.2.2.3 Skalenelastizität

Die Skalenelastizität gibt an, um wie viel Prozent die Ausbringungsmenge in Abhängigkeit von der relativen Veränderung des Prozessniveaus variiert.

Analog zur Produktionselastizität werden auch bei der Skalenelastizität (SEL) relative Größen zueinander ins Verhältnis gesetzt.

$$SEL = \frac{dx}{x} : \frac{d\lambda}{\lambda} \text{ bzw. } SEL = \frac{dx}{d\lambda} * \frac{\lambda}{x}$$

Wie nachfolgend aufgezeigt wird, ergibt sich die Skalenelastizität aus der Summe der einzelnen Produktionselastizitäten. Dieser Zusammenhang wird als Wicksell-Johnson-Theorem bezeichnet.

$$SEL = \frac{dx}{d\lambda} * \frac{\lambda}{x} = \frac{\partial x}{\partial v_1} * \frac{v_1}{x} + \frac{\partial x}{\partial v_2} * \frac{v_2}{x} + \ldots + \frac{\partial x}{\partial v_n} * \frac{v_n}{x}$$

Ableitung des Wicksell-Johnson-Theorems:
Ausgangspunkt ist das totale Differential der Produktionsfunktion:

$$TGE = dx = \frac{\partial x}{\partial v_1} * dv_1 + \frac{\partial x}{\partial v_2} * dv_2 + \ldots + \frac{\partial x}{\partial v_n} * dv_n$$

Da alle Inputfaktoren im gleichen Verhältnis verändert werden, stimmen die Verhältnisse der Veränderungen mit denen der Ausgangswerte überein:

$$\frac{dv_i}{dv_j} = \frac{v_i}{v_j} = \frac{d\lambda}{\lambda} = \frac{dv_i}{v_i} = \frac{dv_j}{v_j} \qquad i = 1,2,\ldots,n \; ; \quad j = 1,2,\ldots,n \; ; \quad i \neq j$$

Formt man die Gleichung um, ergibt sich:

$$dv_i = v_i * \frac{d\lambda}{\lambda}$$

Dieser Ausdruck wird nun in das totale Differential eingesetzt:

$$TGE = dx = \frac{\partial x}{\partial v_1} * v_1 * \frac{d\lambda}{\lambda} + \frac{\partial x}{\partial v_2} * v_2 * \frac{d\lambda}{\lambda} + \ldots + \frac{\partial x}{\partial v_n} * v_n * \frac{d\lambda}{\lambda}$$

anschließend wird diese Gleichung durch $\frac{d\lambda}{\lambda} * x$ dividiert, was zur Skalenelastizität führt:

$$SEL = \frac{dx}{x} \div \frac{\partial \lambda}{\lambda} = \frac{\partial x}{\partial v_1} * \frac{v_1}{x} + \frac{\partial x}{\partial v_2} * \frac{v_2}{x} + \ldots + \frac{\partial x}{\partial v_n} * \frac{v_n}{x}$$

Die einzelnen Summanden sind aber nichts anderes als die Produktionselastizitäten der unterschiedlichen Produktionsfaktoren.

Beispiel 4.9: Skalenelastizität

Gegeben ist die Produktionsfunktion $x = 0{,}1 * v_1^2 * v_2$.

Wie lautet die Skalenelastizität für diese Funktion an der Stelle $v_1 = 3$ und $v_2 = 5$?

Die Skalenelastizität an der Stelle $v_1 = 3$ und $v_2 = 5$ beträgt:

$$SEL = \frac{\partial x}{\partial v_1} * \frac{v_1}{x} + \frac{\partial x}{\partial v_2} * \frac{v_2}{x}$$

$$SEL = \frac{0{,}2 * v_1 * v_2 * v_1}{0{,}1 * v_1^2 * v_2} + \frac{0{,}1 * v_1^2 * v_2}{0{,}1 * v_1^2 * v_2}$$

$$SEL = \frac{0{,}2 * 3 * 5 * 3}{0{,}1 * 3^2 * 5} + \frac{0{,}1 * 3^2 * 5}{0{,}1 * 3^2 * 5} = 2 + 1 = 3$$

Die gewählte Funktion hat eine konstante Skalenelastizität von 3. Das heißt, werden die Inputfaktoren um x % verändert, ändert sich die Ausbringungsmenge um 3*x %. Die Näherung wird analog zur Produktionselastizität um so besser, je kleiner die Variation von λ gewählt wird (vgl. Tabelle 4.9).

Tabelle 4.9: Skalenelastizität

v_1	v_2	x	rel. dv_1 und dv_2	λ	x neu	theoret. rel. dx	tatsächliche rel. dx
3	5	4,5		1,000			
3	5	4,5	20,0 %	1,200	7,776	60,0 %	72,80 %
3	5	4,5	10,0 %	1,100	5,989	30,0 %	33,10 %
3	5	4,5	5,0 %	1,050	5,209	15,0 %	15,76 %
3	5	4,5	1,0 %	1,010	4,636	3,0 %	3,03 %
3	5	4,5	0,5 %	1,005	4,568	1,5 %	1,51 %

4.2.2.4 Homogene Produktionsfunktionen

Eine besondere Bedeutung hat die Niveauvariation bei homogenen Produktionsfunktionen.

Eine Produktionsfunktion ist homogen vom Grade q, wenn für jeden Wert von λ gilt:

$$\lambda^q x = f(\lambda v_1, \lambda v_2, \ldots, \lambda v_n)$$

q wird als Homogenitätsgrad bezeichnet und muss einen Wert größer als Null aufweisen.

Bei homogenen Produktionsfunktionen stimmen somit der Homogenitätsgrad und die Skalenelastizität überein.

Diese Identität ist auch formal leicht nachvollziehbar, wie nachfolgend aufgezeigt wird:

Am Basispunkt gilt:

$$x^o = f(v_1^o, v_2^o, \ldots, v_n^o)$$

Werden nun alle Inputfaktoren mit dem Faktor λ (λ > 0) multipliziert, ergibt sich:

$$\lambda^q x^o = f(\lambda v_1^o, \lambda v_2^o, \ldots, \lambda v_n^o)$$

Die Niveaugrenzproduktivität ergibt sich somit als:

$$NGP = \frac{dx}{d\lambda} = q * \lambda^{q-1} * x^o = q * \frac{x}{\lambda}$$

Hieraus folgt für die Skalenelastizität:

$$SEL = \frac{dx}{d\lambda} * \frac{\lambda}{x} = q$$

Je nach Größe des Homogenitätsgrads kann man drei Fälle unterscheiden:

- **q = 1**

Ein q von eins bedeutet, dass sich die Veränderung des Outputs proportional zur Niveauvariation verhält. Werden beispielsweise alle Inputfaktoren um 10 % erhöht (vermindert), dann erhöht (vermindert) sich auch die Ausbringungsmenge um 10 %. Man spricht in diesen Fällen von linear-homogenen Produktionsfunktionen, bzw. die Produktionsfunktion ist homogen vom Grade 1. Aufgrund dessen, dass die Skalenelastizität bei linear- homogenen Produktionsfunktionen ebenfalls 1 beträgt, weisen diese Funktionen konstante Skalenerträge auf.

- **q > 1**

In diesem Fall ist die prozentuale Veränderung der Ausbringungsmenge größer als die sie verursachende relative Variation der Inputfaktoren. Eine 10 %-ige Variation der Inputfaktoren führt zu einer Veränderung der Ausbringungsmenge, die betragsmäßig über 10 % liegt. Da bei diesen Funktionen auch die Skalenelastizität größer eins ist, ergeben sich steigende Skalenerträge.

- **q < 1**

Fallende Skalenerträge treten auf, wenn die Ausbringungsmenge sich unterproportional zur Faktorvariation verhält.

Beispiel 4.10: Homogenitätsgrad

Gegeben ist die Produktionsfunktion $x = 0{,}1 * v_1^2 * v_2$
Welchen Homogenitätsgrad weist diese Funktion auf?
Der Homogenitätsgrad der Funktion beträgt:

$$\lambda^q x = 0{,}1 * (\lambda v_1)^2 * (\lambda v_2)$$

$$\lambda^q x = 0{,}1 * v_1^2 * \lambda^2 * v_2 * \lambda$$

$$\lambda^q x = \lambda^3 * 0{,}1 * v_1^2 * v_2 \Rightarrow q = 3$$

Da die Skalenelastizität der Produktionsfunktion ebenfalls gleich 3 ist, liegen steigende Skalenerträge vor. In Tabelle 4.10

ist der Verlauf der Skalenerträge, ausgehend vom Punkt $v_1^o = 3$ und $v_2^o = 5$ aufgezeigt.

Tabelle 4.10: Eine homogene Produktionsfunktion mit steigenden Skalenerträgen

v_1^o	v_2^o	x^o	λ	$d\lambda$	v_1	v_2	x	dx	SKE = dx / dλ
3	5	4,5	1,0						
3	5	4,5	1,1	0,1	3,3	5,5	5,989	1,489	14,895
3	5	4,5	1,5	0,5	4,5	7,5	15,188	10,688	21,375
3	5	4,5	2,0	1,0	6,0	10,0	36,000	31,500	31,500
3	5	4,5	3,0	2,0	9,0	15,0	121,500	117,000	58,500

Zu beachten ist bei dieser Betrachtungsweise, dass sich alle Veränderungen auf die Ausgangssituation $v_1^o = 3$ und $v_2^o = 5$ beziehen. Wird die Analyse an einem anderen Punkt gestartet, ergeben sich natürlich andere Werte für die Skalenerträge.

4.2.3 Weitere Grundbegriffe

4.2.3.1 Das Ertragsgebirge

Beschränkt man die Betrachtungsweise auf eine Outputart und zwei Inputfaktoren, dann kann man den Zusammenhang zwischen Output und Input auch graphisch in Form eines Ertragsgebirges darstellen, wobei sich die Form des Gebirges in Abhängigkeit von den partiellen Grenzerträgen ergibt.

Beispiel 4.11: Ertragsgebirge

Gegeben ist die Produktionsfunktion $x = 0,1 * v_1^2 * v_2$.
Welche Form hat das Ertragsgebirge für diese Produktionsfunktion in den Bereichen $v_1 = [0,5]$ und $v_2 = [0,5]$?
In Tabelle 4.11 sind einige Werte für die Erstellung des Er-

tragsgebirges angegeben, das in Abbildung 4.4 dargestellt ist.

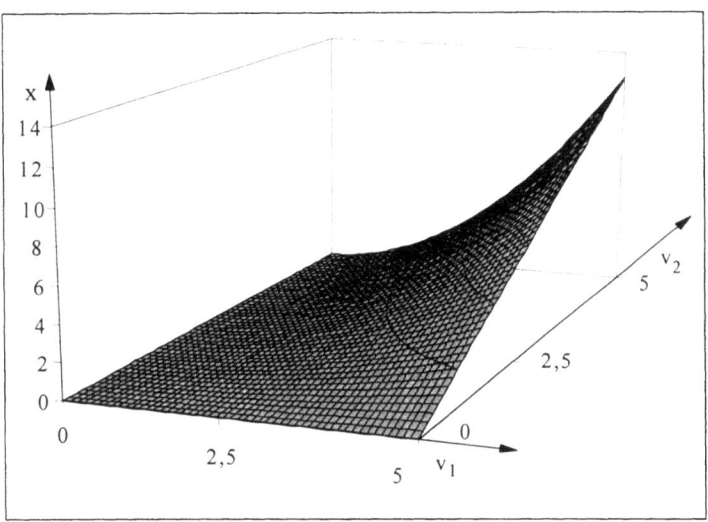

Abbildung 4.4: Das Ertragsgebirge

Tabelle 4.11: Ertragsgebirge

v_1	v_2	x	v_1	v_2	x	v_1	v_2	x	v_1	v_2	x
1	1	0,1	2	1	0,4	3	1	0,9	4	1	1,6
1	2	0,2	2	2	0,8	3	2	1,8	4	2	3,2
1	3	0,3	2	3	1,2	3	3	2,7	4	3	4,8
1	4	0,4	2	4	1,6	3	4	3,6	4	4	6,4

4.2.3.2 Isoquanten

Eine Isoquante ist der geometrische Ort aller Inputkombinationen, die zur gleichen Produktionsmenge führen.

Berechnet werden Isoquanten, indem die Produktionsfunktion nach einem der Inputfaktoren aufgelöst wird. Je nach Produktionsfunktion können sich Isoquanten ergeben, die als Kreis im v_1-v_2-Diagramm dargestellt werden können. Für die Analyse entscheidend sind aber nur die effizienten Punkte auf der Isoquante. Das bedeutet, dass in Abbildung 4.5 nur der Bereich zwischen den Punkte E1 und E2 betrachtet wird.

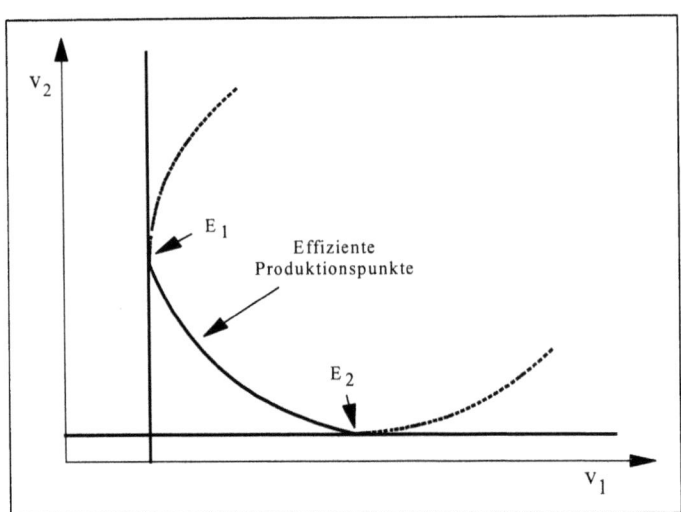

Abildung 4.5: Effiziente Punkte auf der Isoquante

Beispiel 4.12: Isoquanten

Gegeben ist die Produktionsfunktion $x = 0{,}1 * v_1^2 * v_2$.
Welchen Verlauf haben die Isoquanten für $x = 2{,}5$; 5; $7{,}5$; 10 und $12{,}5$?

In Abbildung 4.6 ist der Verlauf der Isoquanten dargestellt.

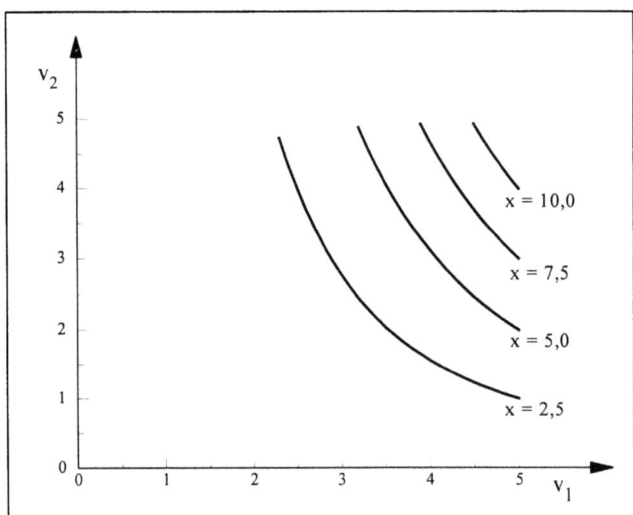

Abbildung 4.6: Isoquanten

Die Isoquantengleichung hat entweder die Form:

$$v_2 = \frac{x}{0,1 * v_1^2} \quad \text{oder} \quad v_1 = \sqrt{\frac{x}{0,1 * v_2}}$$

Das Ausbringungsniveau von Isoqunten nimmt mit der Entfernung zum Ursprung zu. Weiterhin ist festzuhalten, dass sich Isoquanten nicht schneiden können, da sich ansonsten im Schnittpunkt der Isoquanten mit einer Inputkombination zwei unterschiedliche Outputmengen erzeugen lassen würden, was aufgrund der Definition von Produktionsfunktionen nicht möglich ist.

Der Zusammenhang zwischen dem Ertragsgebirge und den Isoquanten lässt sich wie folgt darstellen:

Legt man parallel zur Grundfläche des Ertragsgebirges einen Schnitt durch das Gebirge, ergibt sich an dessen Rand eine Schichtlinie. Die Projektion dieser Schichtlinie in die v_1-v_2-Ebene ist die Isoquante.

4.2.3.3 Grenzrate der Substitution

Eine Isoquante wurde im vorherigen Gliederungspunkt als geometrischer Ort aller Inputkombinationen die zur gleichen Produktionsmenge führen, definiert. Von Interesse ist nun, welche Austauschbeziehung zwischen den Inputfaktoren besteht. Diese Frage kann mit Hilfe der Grenzrate der Substitution beantwortet werden.

Die Grenzrate der Substitution (GDS) gibt, ausgehend von einem festen Produktionspunkt, an, inwieweit ein Inputfaktor bei Konstanz der Ausbringungsmenge erhöht werden muss (vermindert werden kann), wenn der andere Inputfaktor um eine infinitesimal kleine Einheit reduziert (erhöht) wird.

Zur Berechnung der GDS werden immer nur zwei Inputfaktoren - bei Konstanz aller anderen Inputfaktoren- betrachtet. Außer in den Fällen, in denen lineare Isoquanten vorliegen, ergibt sich für jeden Punkt auf der Isoquante eine andere GDS.

Abgeleitet werden kann die GDS aus dem totalen Grenzertrag:

$$TGE = dx = \frac{\partial x}{\partial v_1} * dv_1 + \frac{\partial x}{\partial v_2} * dv_2$$

Da auf einer Isoquante der Output konstant ist und sich die GDS immer nur auf zwei Faktoren bezieht, ergibt sich:

$$GDS = \frac{dv_1}{dv_2} = \frac{-\frac{\partial x}{\partial v_2}}{\frac{\partial x}{\partial v_1}} \quad \text{bzw.} \quad \frac{dv_2}{dv_1} = \frac{-\frac{\partial x}{\partial v_1}}{\frac{\partial x}{\partial v_2}}$$

Es zeigt sich somit, dass die Grenzrate der Substitution zwischen zwei Faktoren gleich dem reziproken Wert deren Grenzproduktivitäten ist. Sie ist gleichzeitig die Steigung der Isoquante in dem jeweils betrachteten Punkt.

Ergeben sich linare Isoquanten, dann ist die Grenzrate der Substitution in allen Produktionspunkten identisch. Der häufigere Fall dürfte aber der sein, dass die Isoquanten streng konvex verlaufen. Dies führt zur Gültigkeit des „Gesetzes der abnehmenden Grenzrate der Substitution".

Das Gesetz der abnehmenden Grenzrate der Substitution besagt, dass, je geringer die Einsatzmenge eines Faktors ist, desto schwieriger wird es, ihn zu ersetzen, das heißt, desto mehr Einheiten müssen von dem anderen Inputfaktor hinzugenommen werden, um die gleiche Ausbringungsmenge erzielen zu können.

Beispiel 4.13: Grenzrate der Substitution

Gegeben ist die Produktionsfunktion $x = 0{,}1 * v_1^2 * v_2$.

Um wie viel muss der Faktor v_2 erhöht werden, wenn von einem Ausgangsniveau von $v_1 = 5$ und $v_2 = 4$ der Faktor v_1 um 0,1 Einheiten gesenkt wird und x konstant bleiben soll?

Die Grenzrate der Substitution beträgt an der Ausgangssituation:

$$GDS = \frac{dv_2}{dv_1} = \frac{-\frac{\partial x}{\partial v_1}}{\frac{\partial x}{\partial v_2}} = \frac{-0,2 \times v_1 \times v_2}{0,1 \times v_1^2} = \frac{-0,2 \times 5 \times 4}{0,1 \times 5^2} = \frac{-4}{2,5} = -1,6$$

Wird v_1 um 0,1 Einheiten gesenkt, dann muss v_2 um 0,16 Einheiten erhöht werden.

$v_{1(alt)} = 5; v_{2(alt)} = 4 \Rightarrow x = 10$
$v_{1(neu)} = 4,9; v_{2(neu)} = 4,16 \Rightarrow x = 9,99$

Anhand von Beispiel 4.13 kann auch das Gesetz der abnehmenden Grenzrate der Substitution verdeutlicht werden.

Tabelle 4.12: Abnehmende Grenzrate der Substitution

v_1	v_2	x	dv_1	dv_2	GDS
5,00	4,00	10	- 0,10	0,16	-1,60
4,90	4,16	10	- 0,10	0,17	-1,70
4,80	4,33	10	- 0,10	0,18	-1,80
4,70	4,51	10	- 0,10	0,19	-1,90
4,60	4,70	10	- 0,10	0,20	-2,00

In Tabelle 4.12 ist ersichtlich, dass mit zunehmender Reduzierung des Faktors v_1 v_2 in immer stärkerem Maße eingesetzt werden muss, um das Produktionsniveau bei 10 Einheiten halten zu können.

4.3 Substitutionale Produktionsfunktionen

Wie bereits am Anfang dieses Kapitels aufgezeigt wurde, zeichnen sich substitutionale Produktionsfunktionen dadurch aus, dass eine bestimmte Ausbringungsmenge durch mehrere alternative Inputkombinationen erzeugt werden kann, das heißt, die Substitution eines Faktors durch einen anderen ist möglich. Nachfolgend werden zwei substitutionale Produktionsfunktionen

- Produktionsfunktion vom Typ A und
- Cobb-Douglas-Produktionsfunktion

kurz vorgestellt. Bereits an dieser Stelle soll darauf hingewiesen werden, dass substitutionale Produktionsfunktionen in erster Linie für volkswirtschaftliche Zusammenhänge und weniger zur Beschreibung industrieller Fertigungsprozesse geeignet sind (vgl. auch Gliederungspunkt 4.3.3). Trotzdem ist es zum Verständnis produktionstheoretischer Zusammenhänge notwendig, dass diese Produktionsfunktionen kurz charakterisiert werden.

4.3.1 Produktionsfunktionen vom Typ A (Ertragsgesetz)

Anne Robert Jacques Turgot formulierte 1767 das Gesetz des abnehmenden Bodenertrags für die Landwirtschaft, das heute als Ertragsgesetz in der Literatur beschrieben wird. Kennzeichen dieses Gesetzes ist es, dass zunächst steigende, anschließend fallende und letztendlich negative Grenzerträge auftreten, wobei jeweils nur ein Faktor, bei Konstanz aller anderen Faktoren, betrachtet wird.

Neben der Eigenschaft zunächst steigender, dann fallender Grenzerträge, werden im Zusammenhang mit der Produktionsfunktion vom Typ A folgende Annahmen getroffen:

- die Produktionsfaktoren sind zumindest in einem gewissen Umfang

substituierbar;
- es liegt eine periphere und keine totale Substitution vor;
- die Inputfaktoren sind beliebig teilbar und homogen, das heißt, es treten keine Leistungsunterschiede bei den Produktionsfaktoren auf;
- es existieren die partiellen Ableitungen der Produktionsfunktion;
- bis auf einen Faktor werden alle Inputfaktoren konstant gesetzt;
- es wird nur eine Outputart erzeugt und
- die Produktionstechnik bleibt unverändert.

Beispiel 4.14: Ertragsgesetz

Gegeben ist die Produktionsfunktion:
$$x = \left(-0,05 * v_1^3 + 0,5 * v_1^2 * 0,5 * v_2\right).$$

Welchen Verlauf hat der partielle Gesamtertrag, der Durchschnittsertrag sowie der Grenzertrag von Faktor v_1 für $v_2 = 2$?

Tabelle 4.13: Ertragsgesetz

v_2	v_1	x	GE_1	Steigung von GE	DE_1
2	0,00	0,00	0,00	1,00	0,00
2	1,00	0,45	0,85	0,70	0,45
2	2,00	1,60	1,40	0,40	0,80
2	3,00	3,15	1,65	0,10	1,05
2	3,33	3,70	1,66	0,00	1,11
2	4,00	4,80	1,60	- 0,20	1,20
2	5,00	6,25	1,25	- 0,50	1,25
2	6,00	7,20	0,60	- 0,80	1,20
2	6,66	7,41	0,00	- 1,00	1,11
2	7,00	7,35	- 0,35	- 1,10	1,05
2	8,00	6,40	- 1,60	- 1,40	0,80
2	9,00	4,05	- 3,15	- 1,70	0,45
2	10,00	0,00	- 5,00	- 2,00	0,00

Die angesprochenen Funktionen haben den in Tabelle 4.13 und

in Abbildung 4.7 dargestellten Verlauf.

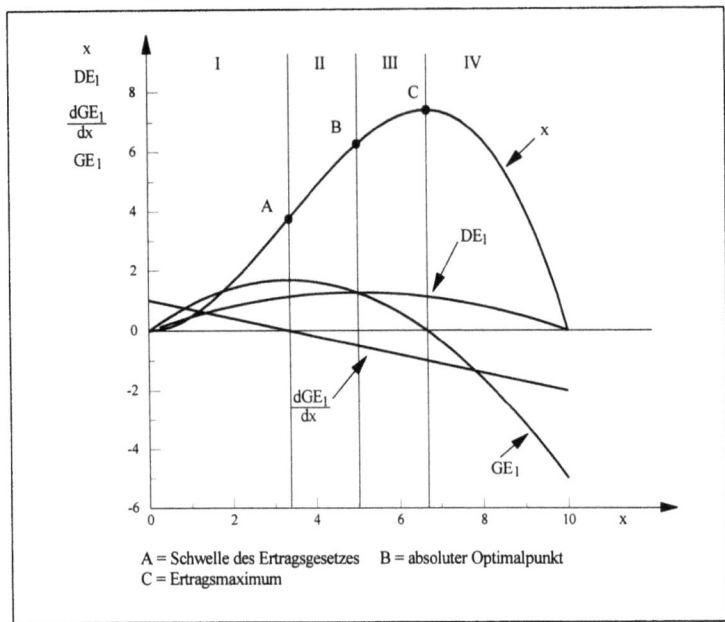

Abbildung 4.7: Das Ertragsgesetz

Die in Abbildung 4.7 eingezeichneten 4 Phasen stellen die typische Einteilung des Ertragsgesetzes dar und können wie folgt beschrieben werden:

Phase I:
In der ersten Phase steigt der Gesamtertrag progressiv an, da die Grenzerträge eine positive Steigung aufweisen. Der Durchschnittsertrag steigt ebenfalls, liegt aber unter dem Grenzertrag.

Phase II:
Am Übergang zur zweiten Phase erreicht der Grenzertrag sein Maximum, das heißt, hier liegt der Wendepunkt der Gesamtertragsfunktion, die nun nicht mehr progressiv, sondern nur noch degressiv ansteigt. Der Grenzertrag nimmt zwar ab, liegt aber immer noch über dem Durchschnittsertrag. Der Wendepunkt der Gesamtertragsfunktion wird auch als Schwelle des Ertragsgesetzes bezeichnet.

Phase III:
Im Schnittpunkt der Grenzertragsfunktion mit der Durchschnittsertrags-

funktion ist der Übergang von der zweiten zur dritten Phase. Hier hat der durchschnittliche Ertrag sein Maximum, was dazu führt, dass dieser Punkt als absoluter Optimalpunkt bezeichnet wird. Der Wirkungsgrad des betrachteten Faktors ist an dieser Stelle größer als in jedem anderen Punkt der Funktion.

Phase IV:
Der Sättigungspunkt (= Maximum des Gesamtertrags) trennt die dritte von der vierten Phase. Die vierte Phase ist allerdings ökonomisch nicht mehr von Interesse, da dort nicht effizient produziert wird.

Anhand des Beispiels wird deutlich, dass der Durchschnittsertrag des betrachteten Faktor so lange steigt, bis dessen Grenzertrag kleiner als der durchschnittliche Ertrag des Faktors wird. Erfolgt eine Produktionserhöhung in der dritten Phase, hat dies zur Konsequenz, dass der Durchschnittsertrag des Faktors zurückgeht, was unbedingt bei der Produktkalkulation zu berücksichtigen ist. Wird der Output dagegen in den ersten beiden Phasen erhöht, wird der eingesetzte Faktor automatisch rentabler, da sein durchschnittlicher Ertrag ebenfalls ansteigt (Annahme: konstanter Faktorpreis). Der Nachteil in den ersten beiden Phasen liegt aber darin, dass bei einem Produktionsrückgang nicht nur der Gesamtertrag fällt, sondern auch die Durchschnittserträge des Faktors zurückgehen, was eigentlich zu einer Erhöhung der Preise führen müsste. Dies ist aber gerade in solch einer Situation sehr schwer am Markt durchsetzbar.

4.3.2 Cobb-Douglas-Produktionsfunktion

Eine der bekanntesten neoklassischen Produktionsfunktionen ist die Ende der zwanziger Jahre von Cobb und Douglas entwickelte Cobb-Douglas-Produktionsfunktion, die folgende allgemeine Form hat:

$$x = a * v_1^{\alpha_1} * v_2^{\alpha_2} * \ldots * v_n^{\alpha_n}$$

$0 < a$ = konstant

$0 \leq \alpha_i$ = konstant < 1 für i=1,2,......,n

Die häufigste Anwendung findet diese Funktion im volkswirtschaftlichen Bereich, wobei nur die Produktionsfaktoren Arbeit (v$_1$) und Kapital (v$_2$) betrachtet werden:

$$x = a * v_1^\alpha * v_2^\beta \qquad \begin{array}{l} 0 \leq \alpha < 1 \\ 0 \leq \beta < 1 \end{array}$$

bzw.

$$x = a * v_1^\alpha * v_2^{1-\alpha}$$

Bei der in Gliederungspunkt 4.2 als Beispielsfunktion verwendeten Produktionsfunktion handelte es sich somit um eine Cobb-Douglas-Produktionsfunktion, so dass an dieser Stelle auf eine weitere Diskussion dieses Ansatzes verzichtet werden kann.

4.3.3 Die Bedeutung substitutionaler Produktionsfunktionen für die industrielle Produktion

Generell lässt sich sagen, dass sich durch die Art und Weise der industriellen Fertigung nur noch in einigen Fällen substitutionale Zusammenhänge zwischen den Inputfaktoren ergeben. Ein Austausch der Produktionsfaktoren ohne Einwirkung auf die Ausbringungsmenge ist höchstens in bestimmten Teilabschnitten der Produktion vorstellbar. Aus diesem Grund soll auf die Diskussion weiterer substitutionaler Produktionsfunktionen verzichtet werden.

4.4 Limitationale Produktionsfunktionen

Bei limitationalen Produktionsfunktionen ergibt sich zu jeder Ausbringungsmenge nur eine effiziente Inputkombination. Sie zeichnen sich dadurch aus, dass sie den industriellen Fertigungsprozess wesentlich besser abbilden können, als dies mit substitutionalen Produktionsfunktionen der Fall ist. Von den unterschiedlichen Arten von limitationalen Produktionsfunktionen wird nachfolgend auf die

- Leontief-Produktionsfunktion und die
- Produktionsfunktion vom Typ B

näher eingegangen.

4.4.1 Leontief-Produktionsfunktion

Die von Wassily W. Leontief entwickelte Produktionsfunktion weist neben einer limitationalen Faktorbeziehung auch eine lineare Abhängigkeit zwischen den unterschiedlichen Inputfaktoren und der Ausbringungsmenge auf. Aus diesem Grund handelt es sich hierbei um eine linear-limitationale Produktionsfunktion, was wiederum konstante Produktionskoeffizienten zur Folge hat. Bei der weiteren Analyse dieser Funktion wird davon ausgegangen, dass nur ein Produktionsverfahren zur Verfügung steht und es sich um eine einstufige Fertigung handelt.

Zur Bestimmung der Funktionsgleichung werden zunächst die Faktoreinsatzfunktionen betrachtet:

$v_1 = a_1 x$
$v_2 = a_2 x$
.
.
.
$v_n = a_n x$

Vereinfacht kann man auch schreiben:

$v_i = a_i * x;$ $i = 1, 2, ..., n;$
   a_i sind die konstanten Produktionskoeffizienten ($a_i > 0$).

Als Produktionsfunktion ergibt sich somit:

$$x = \frac{v_i}{a_i} \text{ mit } i = 1,2,...,n$$

Da keine Substitution zwischen den Inputfaktoren möglich ist, bestimmt der Engpassfaktor die Höhe des Outputs, so dass man auch schreiben kann:

$$x = \min\left(\frac{1}{a_1} * v_1; \frac{1}{a_2} * v_2; .....; \frac{1}{a_n} * v_n\right)$$

Die Ausbringungsmenge kann nur dann erhöht werden, wenn der Engpassfaktor vermehrt zur Verfügung gestellt wird. Die Art der Darstellung dieser Produktionsfunktion hat den Nachteil, dass es sich strenggenommen nicht um eine Produktionsfunktion handelt, da auch ineffiziente Faktorkombinationen abgebildet werden können, die definitionsgemäß nicht zur Produktionsfunktion gehören. Aus diesem Grund geht man bei der Herleitung der Produktionsfunktion über die Faktorfunktionen. $v_i = a_i * x$ beschreibt immer effiziente Zusammenhänge, wobei eine Variation von x die Veränderung aller Inputfaktoren impliziert.

Bei der Durchführung der Partialanalyse muss berücksichtigt werden, dass die Erhöhung des Outputs nur dann möglich ist, wenn alle Inputfaktoren erhöht werden. Trotzdem ist auch hier eine Partialanalyse sinnvoll, damit die Variation der Ausbringungsmenge bei der Reduktion eines Inputfaktors aufgezeigt werden kann.

Die Anwendbarkeit der Leontief-Produktionsfunktion in der industriellen Fertigung ist in vielen Bereichen möglich. Gerade in automatisierten Fertigungsprozessen findet man häufig eine lineare Beziehung zwischen dem Output und den Inputfaktoren. Probleme ergeben sich in erster Linie dort, wo Substitutionen zwischen den Produktionsfaktoren möglich sind, und in den Fällen, in denen die Produktionskoeffizenten nicht über den gesamten Produktionsprozeß (nichtlinear-limitationale Produktionszusammenhänge) konstant sind. Helfen kann man sich in diesen Situationen, indem man mehrere Leontief-Produktionsprozesse betrachtet und eine Kombination der Prozesse realisiert.

4.4.2 Produktionsfunktion vom Typ B

4.4.2.1 Grundidee

Die Produktionsfunktion vom Typ B wurde ebenfalls von Erich Gutenberg entwickelt. Im Gegensatz zu den bisher behandelten Produktionsfunktionen, ist diese Funktion speziell zur Abbildung der industriellen Produktionsprozesse definiert worden, wobei die Produktionsfunktion vom Typ B folgende Eigenschaften aufweist:

- Es liegen limitationale Faktorbeziehungen vor;
- der unmittelbare Bezug zwischen Inputfaktoren und Output wird in den meisten Fällen durch eine mittelbare Beziehung ersetzt;
- der Faktorverbrauch hängt explizit von technischen Einflussfaktoren ab und
- es wird zwischen Potentialfaktoren und Verbrauchsfaktoren unterschieden.

Der in den bisher behandelten Produktionsfunktionen vorzufindende direkte Zusammenhang zwischen Input und Output wird durch folgende Überlegung ersetzt:

Die Potentialfaktoren werden einzeln oder gruppenweise zusammengefasst und als Aggregate oder betriebliche Teilbereiche definiert. Für jedes dieser Aggregate (jeden betrieblichen Teilbereich) wird nun der Faktorverbrauch getrennt nach den unterschiedlichen Faktoren erfasst, wobei sowohl der Verschleiß des Potentialfaktors als auch der Verbrauch von Verbrauchsfaktoren berücksichtigt wird. Für jeden Inputfaktor werden Verbrauchsfunktionen entwickelt, die die Abhängigkeiten zwischen dem Faktorverbrauch und der Intensität des Aggregats zum Ausdruck bringen.

Verbrauchsfunktionen beschreiben die funktionale Abhängigkeit zwischen dem Verbrauch der Inputfaktoren und der Intensität, mit der das Aggregat betrieben wird.

Der unmittelbare Zusammenhang zwischen dem Inputverbrauch und der Intensität des Aggregats ist hierbei technisch determiniert. Die isolierte Variation eines Faktors führt höchstens zur Senkung der Leistung aber nicht zu deren Erhöhung. Die Ableitung partieller Grenzerträge ist nicht möglich, da der Einzelbeitrag zur Gesamtleistung nicht auf die einzelnen Inputfaktoren aufgeteilt werden kann.

Werden die verschiedenen Inputfaktoren eingesetzt, so entsteht zunächst eine technische Leistung, mit der zum Beispiel mit einer Bohrmaschine 100 Bohrungen pro Stunde durchgeführt werden können. Die ökonomische Leistung entsteht erst dann, wenn die technische Leistung eingesetzt wird, um Zwischen- oder Endprodukte zu fertigen. Die Frage, wie viele Bohrungen sinnvoll sind, wird durch die Höhe der notwendigen Ausbringungsmenge bestimmt. Sollen beispielsweise 100 Halterungen gefertigt werden, wobei pro Halterung 4 Bohrungen notwendig sind (ökonomische Leistung: 25 Halterungen pro Stunde), muss die Bohrmaschine entweder 4 Stunden betrieben werden oder es muss die Leistung pro Stunde erhöht werden, damit die Halterungen früher fertig sind. Es besteht somit auf der einen Seite eine Verbindung zwischen dem Faktorverbrauch und der Intensität des Aggregats, andererseits ein Zusammenhang zwischen der Intensität und der Ausbringungsmenge, wodurch eine mittelbare Beziehung zwischen der Ausbringungsmenge und dem Faktorverbrauch hergestellt werden kann.

4.4.2.2 Formale Ableitung

Aus der Sicht von Gutenberg besteht ein Betrieb aus einer Vielzahl von Aggregaten bzw. betrieblichen Teileinheiten, die zunächst alle einzeln betrachtet werden müssen. Jedes dieser Aggregate wird durch seine technischen Eigenschaften charakterisiert, die neben der Intensität, mit der das Aggregat betrieben wird, die Höhe des Faktorverbrauchs determinieren. Betrachtet man zunächst nur ein Aggregat, dann ergibt sich folgende technische Verbrauchsfunktion:

$$w_i = m_i(z_1, z_2, \ldots, z_l, \underline{d}); \left[\frac{FE}{TLE}\right]$$

FE = Faktoreinsatz
TLE = technische Leistungseinheit
w_i = durchschnittlicher Verbrauch des Faktors i pro TLE
i = Index für den Inputfaktor; i = 1,2,...,n
m_i = Funktionsbeziehung zwischen dem Verbrauch von Faktor i und den technischen Eigenschaften und der Intensität des Aggregats
z = technische Eigenschaften des Aggregats, zum Beispiel die Verdichtung, der Verbrennungsgrad, die Kraftübertragung etc. bei einem Motor
$\underline{d}$ = Intensität, mit der das Aggregat betrieben wird $\left[\frac{TLE}{ZE}\right]$,
ZE = Zeiteinheit; z.B.: Umdrehungen pro Minute

Zum besseren Verständnis werden im Folgenden die Dimensionen der einzelnen Größen in [ ] angegeben.

Eine Veränderung der technischen Eigenschaften bewirkt beispielsweise:

- andere Verbrauchsmengen pro Intensität;
- eine veränderte quantitative Leistungsfähigkeit des Aggregats oder
- eine Veränderung der Leistungsqualität.

Da die technischen Eigenschaften aber zumindest kurzfristig als konstant angesehen werden können, reduzieren sich die technischen Verbrauchsfunktionen auf die Form:

$$w_i = m_i(\bar{z}_1, \bar{z}_2, \ldots, \bar{z}_l, \underline{d}); \left[\frac{FE}{TLE}\right]$$

$$w_i = m_i(\underline{d}); \left[\frac{FE}{TLE}\right]$$

Das bedeutet, dass kurzfristig der Faktorverbrauch nur von der Intensität des Aggregats abhängig ist. Die Verbrauchsfunktionen können hierbei ganz unterschiedliche Entwicklungen aufweisen (vgl. Abbildung 4.8), wobei die Variationsmöglichkeiten der Intensität durch die technischen Gegebenheiten begrenzt werden.

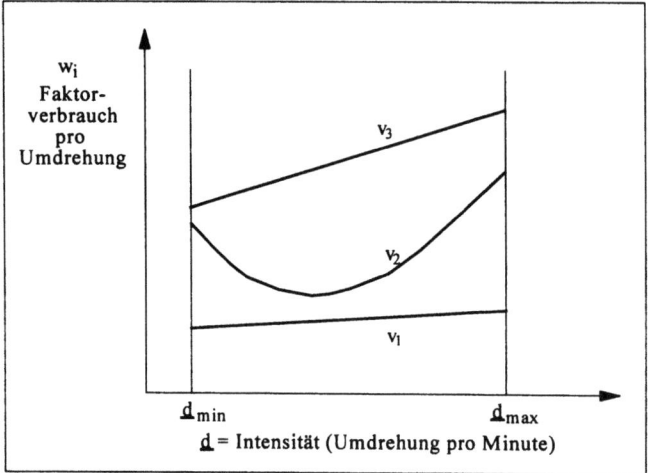

Abbildung 4.8: Verbrauchsfunktionen

Die technische Leistung $\underline{d} \left[\frac{TLE}{ZE} \right]$ lässt sich als Funktion der ökonomischen Leistung $d \left[\frac{ME}{ZE} \right]$ [ME = Mengeneinheiten] darstellen:

$$\underline{d} = h(d).$$

Setzt man diese Beziehung in die technische Verbrauchsfunktion ein, ergibt sich die ökonomische Verbrauchsfunktion:

$$v_i = p_i(h(d)); \quad \left[\frac{FE}{ME} \right]$$

Fasst man die beiden Funktionsvorschriften zusammen, lässt sich die ökonomische Verbrauchsfunktion wie folgt beschreiben:

$v_i = f_i(d)$; $\left[\dfrac{FE}{ME}\right]$ = durchschnittlicher Verbrauch von v_i pro Mengeneinheit.

Der Zusammenhang zwischen dem Faktorverbrauch und dem Output x ergibt sich über die Funktion:

$d = g(x)$; $\left[\dfrac{ME}{ZE}\right]$

wodurch die ökonomische Verbrauchsfunktion folgende Form erhält:

$v_i = f_i(g(x))$; $\left[\dfrac{FE}{ME}\right]$

In dieser Gleichung besteht wiederum eine direkte Beziehung zwischen den Inputfaktoren und dem Output.

Betrachtet man nun nicht nur ein, sondern m Aggregate und kennzeichnet diese durch den Index j, dann ergibt sich die Produktionsfunktion vom Typ B als Summe einer Vielzahl von (Durchschnitts-)Verbrauchsfunktionen wie folgt:

$v_{ij} = f_{ij}(g_j(x))$; $\left[\dfrac{FE}{ME}\right]$

    i = Index der Inputfaktoren, i = 1,2, ... , n
    j = Index der Aggregate, j = 1,2, ... , m

Die Produktionsfunktion vom Typ B setzt sich aus einer Vielzahl von (Durchschnitts-)Verbrauchsfunktionen zusammen.

Der Gesamtverbrauch pro Periode eines Inputfaktors berechnet sich wie folgt:

$$V_i = \sum_{j=1}^{m} f_{ij}(d_j) * d_j * t_j ; \quad [FE]; \; j = \text{Aggregat}$$

$$\left[\frac{FE}{ME}\right] * \left[\frac{ME}{ZE}\right] * [ZE]$$

Die Produktionsfunktion vom Typ B lässt aber auch zu, dass Inputfaktoren eingesetzt werden, deren Verbrauch unabhängig von der Intensität des Aggregats und nur von der Ausbringungsmenge abhängig sind. Als Beispiel wären hier die Räder eines Kraftfahrzeuges oder die Anzahl der Tasten für eine Computertastatur zu nennen. In diesen Fällen ergeben sich folgende Verbrauchsfunktionen:

$$s_i = g(x) ; \quad \left[\frac{FE}{ME}\right]$$

4.4.2.3 Anpassungsmöglichkeiten an Nachfrageänderungen

Ändert sich die Nachfrage, dann ergeben sich unterschiedliche Möglichkeiten der Anpassung (vgl. Tabelle 4.14).

Die intensitätsmäßige und die zeitliche Anpassung werden insbesondere bei kurzfristigen Nachfrageveränderungen eingesetzt, da hierbei die Stückkosten erhöht werden. Auf der einen Seite muss die optimale Intensität (vgl. Kapitel 5.) verlassen werden, andererseits müssen Zuschläge für die Überstunden oder die Wochenendschichten bezahlt werden. Bei Nachfragerückgängen wird ebenfalls häufig auf die zeitliche Anpassung in Form von Kurzarbeit zurückgegriffen, da dadurch das Know-how im Unternehmen verbleibt und bei einer Steigerung der Nachfrage sofort wieder voll produziert werden kann. Diese Vorgehensweise ist aus Kostengründen aber nur möglich, wenn es sich um eine zeitlich begrenzte Maßnahme handelt. Die quantitative Anpassung hat den Vorteil, dass die Technologie bekannt ist und es zu keinen Anlaufproblemen kommt.

Allerdings muss man aufpassen, dass man den Anschluss an die technische Entwicklung nicht verpasst, da ansonsten später hohe Investitionen notwendig werden. Bei der selektiven Anpassung sollte man sich bei länger andauernden Nachfragerückgängen fragen, ob man die nicht genutzten Betriebsmittel freisetzen oder behalten soll. Aber auch diese Entscheidung kann nur fallweise beantwortet werden.

Tabelle 4.14: Unterschiedliche Möglichkeiten der Reaktion auf Nachfrageveränderungen

Anpassungs-form	Menge und Qualität der Potentialfaktoren	Bemerkungen
intensitätsmäßig	unverändert	Variation der Intensität in der durch die Technik vorgegebenen Bandbreite.
zeitlich	unverändert	Variation der zeitlichen Leistungsabgabe. Einschränkungen durch Arbeitszeitregelungen, Wartungs- und Reparaturzeiten.
organisatorisch	unverändert	Umorganisation bei gleichbleibender Technik.
quantitativ	Anpassung bei gleichbleibender Qualität	Einsatz funktionsgleicher Aggregate mit identischen Verbrauchsfunktionen, begrenzt wird die Variation durch die Verfügbarkeit dieser Aggregate.
selektiv	Anpassung bei veränderter Qualität	Einsatz funktionsgleicher Betriebsmittel, die aber unterschiedliche Verbrauchsfunktionen aufweisen. Moderne/ältere oder alte/neue Betriebsmittel. Die Reihenfolge des Einsatzes richtet sich nach den Kosten.
qualitativ	Anpassung bei veränderter Qualität	Einsatz neuer Produktionsverfahren. Hierbei ändern sich die technisch-organisatorischen Rahmenbedingungen. In der Regel erfolgt diese Anpassung kontinuierlich, in Einzelfällen kann es aber auch zu plötzlichen Änderungen kommen.

Die qualitative Anpassung wird insbesondere in den Branchen häufig vorgenommen, in denen die Technologiezyklen sehr kurz sind. Als Regel kann man in diesem Zusammenhang sagen, dass sich neue Technologien durch höhere Fixkosten aber geringere variable Kosten auszeichnen (vgl. Kapital 5.), wobei es in der Praxis durchaus zu Abweichungen von dieser Regel kommen kann. Je größer die zu produzierende Menge ist, desto eher erweisen sich hochentwickelte Technologien unter Kostengesichtspunkten als günstiger als etwas ältere Betriebsmittel.

Auf die Kostenentwicklungen bei den unterschiedlichen Anpassungsformen wird im nächsten Kapitel näher eingegangen.

4.4.2.4 Bewertung der Produktionsfunktion vom Typ B

Der Vorteil der Produktionsfunktion vom Typ B ist in erster Linie darin zu sehen, dass sie durch die Orientierung an den technischen Gegebenheiten der Aggregate industrielle Produktionsprozesse wesentlich besser beschreiben kann, als dies mit den bisher beschriebenen Produktionsfunktionen möglich ist. Der starke Bezug zur technischen Seite der Produktion kommt insbesondere durch die Einführung der Intensität in die Betrachtungsweise zum Ausdruck. Man geht davon aus, dass die Verbrauchsfunktionen in der Industrie weitgehend bestimmbar sind und somit die Theorie umsetzbar ist. Kritisch ist dagegen die Annahme der Konstanz der technischen Rahmenbedingungen zu bewerten. Ebenso bleibt es fraglich, ob für jeden Inputfaktor tatsächlich die Verbrauchsfunktionen ermittelbar sind, bzw. ob es sich lohnt, diese zu bestimmen. Problematisch ist auch, dass die Hilfs- und Betriebsstoffe, für die der Ansatz der Verbrauchsfunktionen am besten umsetzbar ist, wertmäßig in vielen Produktionsstätten nur eine untergeordnete Rolle im Vergleich zu den Potentialfaktoren, den Arbeitskräften sowie den Rohstoffen und Komponenten spielen. Für diese Faktoren gelten Beziehungen, wie sie bei der Leontief-Produktionsfunktion vorzufinden sind. Trotz dieser Kritikpunkte stellt die Produktionsfunktion vom Typ B für die betriebswirtschaftliche Produktionstheorie einen Meilenstein dar, da zum ersten Mal in Deutschland eine Produktionsfunktion entwickelt wurde, die speziell auf die industriellen Produktionsprozesse ausgerichtet ist. Ihre empirische Relevanz ist als hoch einzustufen.

4.4.3 Die Bedeutung limitationaler Produktionsfunktionen für die industrielle Produktion

Die Bedeutung limitationaler Produktionsfunktionen für die industrielle Produktion ist, wie bereits im Rahmen der Produktionsfunktion vom Typ B aufgezeigt wurde, sehr hoch. In vielen Fällen konnte anhand empirischer Untersuchungen die Anwendbarkeit gerade der Produktionsfunktion vom Typ B nachgewiesen werden. Aufbauend bzw. parallel zur Produktionsfunktion vom Typ B wurden weitere Produktionsfunktionen entwickelt, die noch stärker die technologischen Zusammenhänge der Produktionsprozesse berücksichtigen. Zu nennen sind zum Beispiel die Heinen-Produktionsfunktion, die Engineering Production Functions oder auch die Kloock-Produktionsfunktion.

Übungsaufgaben zum 4. Kapitel

Aufgabe 4.1:
Welche Möglichkeiten zur Klassifizierung von Produktionsmodellen gibt es?

Aufgabe 4.2:
Gegeben ist folgende Produktionsfunktion: $x = 3v_1^2 * v_2$

a) Welchen Wert hat der Durchschnittsertrag bezogen auf v_1 für $v_2 = 4$? Wie ist dieser Wert zu interpretieren?

b) Welcher Wert ergibt sich für den Produktionskoeffizienten bezogen auf v_2 an der Stelle $v_1 = 3$? Wie ist dieser Wert zu interpretieren?

c) Welches Problem kann beim Arbeiten mit dem partiellen Grenzertrag auftreten?

d) Welcher Unterschied bzw. welche Gemeinsamkeit besteht zwischen der Produktionselastizität und der partiellen Grenzproduktivität.

Aufgabe 4.3:

a) Welche Fragestellungen lassen sich mit Hilfe des totalen Grenzertrags beantworten?

b) Welche Aussagen können mit Hilfe der Niveaugrenzproduktivität getroffen werden? Welchen Wert nimmt diese an der Stelle $v_1 = 3$ und $v_2 = 5$ an, wenn folgende Produktionsfunktion vorliegt: $x = 3v_1^2 * v_2$?

c) Worin besteht der Unterschied zwischen der Skalenelastizität und den Skalenerträgen?

Aufgabe 4.4:
a) Welche Besonderheit weisen homogene Produktionsfunktionen auf?

b) Welchen Homogenitätsgrad hat die Produktionsfunktion: $x = 3v_1^2 * v_2$? Welche Aussagen können somit bezüglich der Produktionssituation getroffen werden?

Aufgabe 4.5:
In welche vier Phasen kann man den ertragsgesetzlichen Verlauf einer Produktionsfunktion einteilen? An welchen Punkten vollzieht sich der Übergang von Phase zu Phase?

Aufgabe 4.6:
Was besagt das Gesetz von der abnehmenden Grenzrate der Substitution? Ist dieser Zusammenhang auch für Leontief-Produktionsfunktionen nachweisbar?

Aufgabe 4.7:
Gegeben ist folgende Produktionsfunktion: $x = \min(1/4\, v_1;\, 2v_2)$
a) Was ist bei der Berechnung der partiellen Grenzerträge zu beachten?

b) Welche Produktionsmenge kann realisiert werden, wenn von v_1 60 und von v_2 20 Einheiten zur Verfügung stehen?

Aufgabe 4.8:
Welche inhaltliche Aussage kann man mit Hilfe der ökonomischen Verbrauchsfunktionen treffen?

Aufgabe 4.9:
Welche Form der Anpassung an Nachfrageveränderungen ergeben sich, wenn man von Produktionsfunktionen vom Typ B ausgeht? Welche dieser Anpassungsformen sind mehr für kurz- und welche eher für längerfristige Veränderungen der Nachfrage geeignet? Wie kann diese Zuordnung begründet werden?

5. Kostentheorie

Nachdem im Rahmen der Produktionstheorie eine rein mengenmäßige Analyse durchgeführt wurde, wird nun, durch die Bewertung der Inputfaktoren mit ihren Preisen, eine wertmäßige Betrachtung vorgenommen. Einerseits soll dadurch aufgezeigt werden, von welchen Faktoren die Höhe der Kosten bestimmt wird, andererseits soll beim Vorliegen mehrerer effizienter Produktionspunkte die Inputkombination bestimmt werden, die bei gleichem Output die geringsten Kosten verursacht. Verzichtet wird an dieser Stelle auf die sehr umfangreiche Diskussion unterschiedlicher Kostenbegriffe. Unter Kosten werden nachfolgend die bewerteten Verbrauchsmengen der zur Leistungserstellung benötigten Inputfaktoren verstanden. Die Bewertung erfolgt entweder mit den Marktpreisen oder bei einer Eigenfertigung durch die Herstellkosten.

Kosten sind der bewertete Verbrauch der zur Leistungserstellung verwendeten Inputfaktoren.

5.1 Einflussfaktoren auf die Kostenhöhe

Zur Analyse der Kosten ist es zunächst erforderlich, die Einflussfaktoren auf die Kostenhöhe zu bestimmen. Hierbei muss man zwischen Daten und Aktionsfaktoren unterscheiden (vgl. Abbildung 5.1). Daten sind vom Unternehmen nicht beeinflussbar, sondern müssen als gegeben angesehen werden. Hierunter fallen sowohl die Marktpreise für die unterschiedlichen Inputfaktoren als auch die technischen Daten der eingesetzten Betriebsmittel bzw. Aggregate. Einfluss auf die Kostenhöhe kann das Unternehmen dagegen u. a. über die Wahl der Betriebsgröße, des Produktionsprogramms (Struktur und Mengen), den Faktoreinsatz, die Losgröße sowie die zeitliche Produktionsverteilung und den Produktionsablauf nehmen. Unter Betriebsgröße versteht man in diesem Zusammenhang die Summe der Fertigungskapazitäten, die durch die Art, den Typ, die Menge sowie die Alters- und Qualitätsstruktur der Betriebsmittel und die Quantität und Qualität der Beschäftigten bestimmt wird. Die Variation der Aktionsfaktoren ist allerdings stark von der Länge der betrachteten Produktionsperiode abhängig. Langfristig sind alle in Abbildung 5.1 aufgeführten Aktionsfaktoren vom Unternehmen beeinflussbar. Kurzfristig ergibt sich dagegen in vielen Fällen nur ein sehr begrenzter Entscheidungsspielraum, da zum Beispiel die Betriebsgröße oder die eingesetzten Produktionsanlagen in der Regel nur mittel- oder langfristig variiert werden können. Weiterhin wird das Produktionsprogramm vielfach durch Lieferverträge bestimmt, so dass auch hier keine kurzfristigen Veränderungen möglich sind.

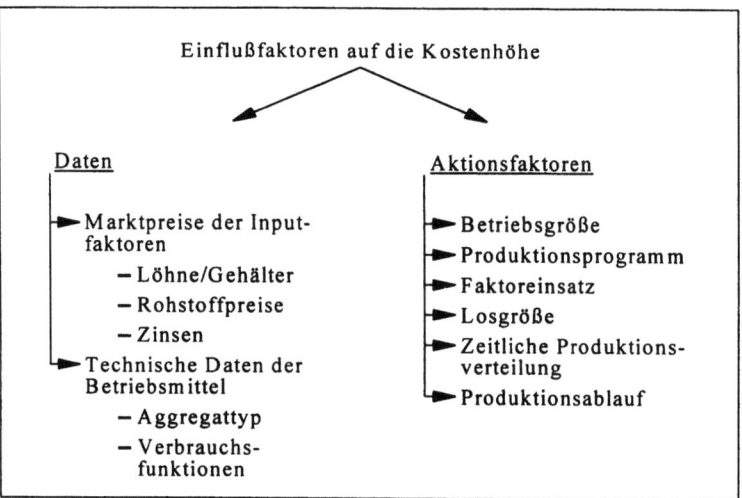

Abbildung 5.1: Einflussfaktoren auf die Kostenhöhe

5.2 Verschiedene Kostenarten

Ausgehend von der Gesamtkostenfunktion K(x) kann man unterschiedliche Kostenarten unterscheiden. Am Anfang erfolgt eine Trennung in fixe und variable Kosten. Anschließend werden die unterschiedlichen Stückkosten sowie die Grenzkosten näher diskutiert.

5.2.1 Fixkosten

Von Fixkosten spricht man, wenn die Kosten unabhängig vom Beschäftigungsgrad sind. Unter Beschäftigungsgrad versteht man den Anteil der genutzten Kapazität = Beschäftigung an der Gesamtkapazität:

Beschäftigungsgrad = (Beschäftigung / Gesamtkapazität) * 100

Fixkosten sind Kosten, deren Höhe unabhängig vom Beschäftigungsgrad bzw. der Ausbringungsmenge ist.

Typische Beispiele für Fixkosten sind die Raummiete, Abschreibungen auf die Potentialfaktoren oder Zinskosten. Gründe für das Auftreten von Fixkosten sind u. a.:

- fehlende Teilbarkeit der Produktionsfaktoren;
  Maschinen können nicht teilweise verkauft werden, nur weil man nicht mehr die volle Kapazität nutzen kann. Aus diesem Grund entstehen Leerkosten, auf die nachfolgend noch näher eingegangen wird;
- zukunftsorientierte Entscheidungen;
  sind für die Zukunft Produktionserhöhungen geplant, werden die Betriebsmittel sowie das Personal schon früher bereitgestellt, damit beim Produktionsstart keine Probleme mehr auftreten, bzw. es wird trotz eines momentanen Nachfragerückgangs die volle Produktionskapazität weiterhin aufrecht erhalten, da mit einer Erholung der Nachfrage gerechnet wird;
- rechtliche Bindungen;
  häufig ist das Unternehmen durch eine Vielzahl von Verträgen oder gesetzlichen Vorschriften nicht in der Lage, die Potentialfaktoren an die aktuelle Nachfragesituation anzupassen. Zu nennen sind hierbei das Kündigungsschutzgesetz, Arbeitsverträge, Mietverträge, Abnahmeverpflichtungen etc.

Die Frage, ob bestimmte Kosten fix oder variabel sind, wird sehr stark von der Länge der betrachteten Planungsperiode bestimmt. Ergeben sich kurzfristig sehr viele Fixkosten, so nimmt der Anteil der fixen Kosten mit zunehmendem Zeithorizont immer weiter ab. Für sehr langfristige Planungen ergeben sich überhaupt keine Fixkosten, da dann Arbeitsverträge aufgelöst, Maschinen verkauft, Gebäude neu gebaut bzw. verkauft werden können.

5.2.1.1 Nutz- und Leerkosten

Aufgrund der nicht immer möglichen Teilbarkeit von Produktionsfaktoren kann es sein, dass ein Teil der verfügbaren Kapazität nicht genutzt werden kann. Die hierfür anfallenden Fixkosten werden als Leerkosten bezeichnet. Die Nutzkosten sind dagegen der Anteil der Fixkosten, der auf die genutzte Kapazität entfällt.

Nutzkosten sind der Anteil der Fixkosten, der auf die genutzte Kapazität entfällt. Der Fixkostenanteil für nicht genutzte Kapazität wird dagegen als Leerkosten bezeichnet.

Beispiel 5.1: Nutz- und Leerkosten

Für eine Maschine mit einer Kapazität von 100 Einheiten fallen Fixkosten in Höhe von 100 Geldeinheiten an ($K_f = 100$ GE). Bezeichnet man mit x die genutzte und mit y die Gesamtkapazität der Maschinen, dann ergeben sich folgende Nutz- (K_n) bzw. Leerkosten (K_l):

$$K_n = x * \frac{K_f}{y}$$

$$K_l = (y - x) * \frac{K_f}{y}$$

Graphisch ergibt sich der in Abbildung 5.2 dargestellte Zusammenhang. Wird keine Kapazitätseinheit genutzt (x = 0), dann entsprechen die Leerkosten den gesamten Fixkosten (K_f). Der Anteil von K_l verringert sich mit zunehmender Kapazitätsnutzung (x) immer weiter, bis er bei voller Nutzung der Kapazität den Wert Null annimmt. Im Punkt x_1 in Abbildung 5.2 betragen die Nutzkosten 60 GE, die Leerkosten 40 GE.

Aufgrund der Definitionen addieren sich die Nutz- und die Leerkosten immer zu den gesamten Fixkosten.

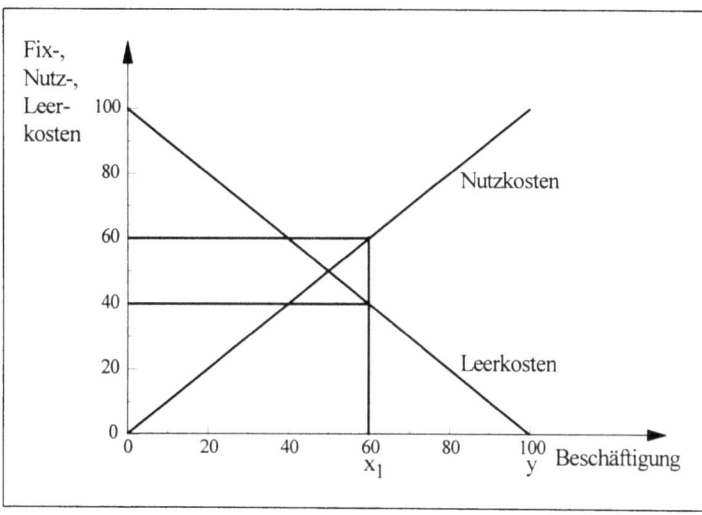

Abbildung 5.2: Nutz- und Leerkosten

5.2.1.2 Sprungfixe Kosten

Aufgrund der Nichtteilbarkeit von Potentialfaktoren kann es bei der Veränderung der Kapazität zu Veränderungen der Fixkosten kommen, obwohl kein unmittelbarer Zusammenhang zwischen der Kostenentwicklung und der Ausbringungsmenge besteht. In diesem Fall spricht man von sprungfixen bzw. intervallfixen Kosten.

Sprungfixe Kosten sind von der Kapazitätsentwicklung, aber nicht von der Ausbringungsmenge abhängig.

Beispiel 5.2: Sprungfixe Kosten

Ein Unternehmen kann bis zu drei Aggregate beschaffen, wobei pro Aggregat Fixkosten in Höhe von 10 Geldeinheiten (GE) anfallen. Die Kapazität der Aggregate liegt bei jeweils 10 Mengeneinheiten (ME). Der Verlauf der Fixkosten ist in Abbildung 5.3 dargestellt. Man kann erkennen, dass bei einer

Ausweitung der Kapazität über 10 bzw. 20 ME die Fixkosten sprunghaft ansteigen, weil ein neues Aggregat beschafft werden muss. Festzuhalten ist nochmals, dass der Verlauf der Fixkosten nicht unmittelbar mit der Ausbringungsmenge zusammenhängt.

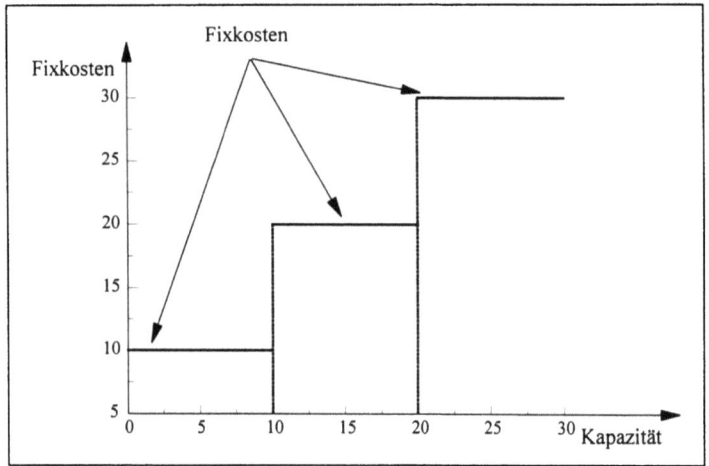

Abbildung 5.3: Sprungfixe Kosten

Neben den gesamten Fixkosten werden auch die fixen Stückkosten analysiert. Sie berechnen sich, indem man die Fixkosten durch die Ausbringungsmenge dividiert: $k_f = \frac{K_f}{x}$.

Die Stückkosten geben an, wie sich die Kosten auf die produzierten Mengeneinheiten verteilen. Sie werden berechnet, indem die betrachteten Kosten durch die Ausbringungsmenge dividiert werden.

Beispiel 5.3: Stückkosten

Es ergeben sich für ein Aggregat Fixkosten in Höhe von 10 GE. Das Aggregat verfügt über eine maximale Kapazität von 10 ME. Die fixen Stückkosten ergeben sich somit als:

$k_f = \frac{10}{x}$

(vgl. Abbildung 5.4).

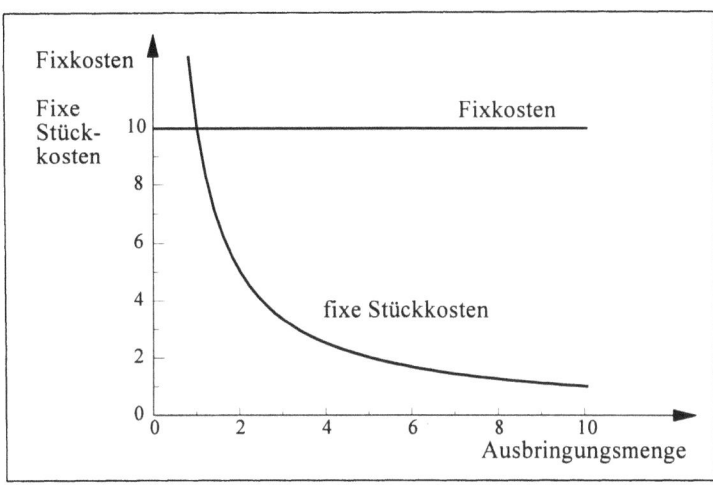

Abbildung 5.4: Fixkosten und fixe Stückkosten

5.2.2 Variable Kosten

Verändern sich die Kosten in Abhängigkeit von der Ausbringungsmenge, dann spricht man von variablen Kosten.

Variable Kosten sind Kosten, die sich in Abhängigkeit von der Beschäftigung bzw. der Ausbringungsmenge verändern.

Je nach Verlauf der variablen Kosten ergeben sich unterschiedliche Werte für den Reagibilitätsgrad (R), der sich als Quotient aus der prozentualen Kostenveränderung und der prozentualen Beschäftigungsveränderung berechnet.

Reagibilitätsgrad = prozentuale Kostenveränderung / prozentuale Beschäftigungsveränderung.

Aufgrund der Definition von R wird deutlich, dass diese Größe bei den Fixkosten den Wert 0 aufweist.

- R = 1
  Entwickeln sich die Kosten proportional zur Beschäftigung, spricht

man von proportionalen Kosten. Die Stückkosten verlaufen in diesen Fällen parallel zur Beschäftigtenachse.

Beispiel 5.4: Reagibilitätsgrad = 1

Die variablen Kosten betragen: $K_v = x$. Als Stückkostenfunktion k_v ergibt sich somit: $k_v = \frac{K_v}{x}$. Der Verlauf der beiden Funktionen ist in Abbildung 5.5 aufgezeigt, wobei die Ausbringungsmenge Werte zwischen 1 und 10 annehmen kann.

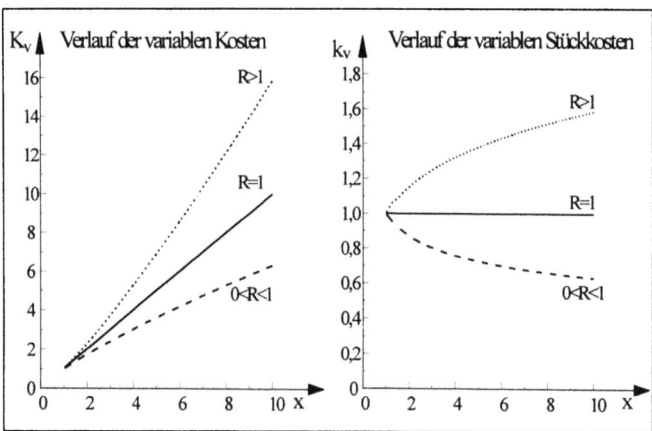

Abbildung 5.5: Verlauf der variablen Kosten bei unterschiedlichem Reagibilitätsgrad

- $0 < R < 1$

Ein degressiver Kostenverlauf ergibt sich, wenn die prozentuale Kostenveränderung kleiner als die sie auslösende prozentuale Veränderung der Beschäftigung ist. Die Stückkosten verlaufen degressiv fallend.

Beispiel 5.5: Reagibilitätsgrad zwischen 0 und 1

Die variablen Kosten haben die Funktion: $K_v = x^{0,8}$. Hieraus ergibt sich folgende Stückkostenfunktion:

$k_v = \frac{K_v}{x} = \frac{x^{0,8}}{x} = x^{-0,2}$.

In Abbildung 5.5 ist die Entwicklung von K_v und k_v für eine Ausbringungsmenge zwischen 1 und 10 dargestellt.

- R > 1

Liegen progressive Kosten vor, liegt der Wert für R über 1. In diesen Fällen steigen die Kosten überproportional zur Variation der Beschäftigung an. Die Stückkosten weisen ebenfalls einen ansteigenden Verlauf auf.

Beispiel 5.6: Reagibilitätsgrad größer 1

Die Funktion für die variablen Kosten lautet: $K_v = x^{1,2}$, k_v beträgt somit: $k_v = \frac{x^{1,2}}{x} = x^{0,2}$. Variiert man die Ausbringungsmenge zwischen 1 und 10, ergibt sich für die beiden Funktionen der in Abbildung 5.5 aufgezeigte Verlauf.

5.2.3 Grenzkosten

Zur Bestimmung der Kosten für die nächste Ausbringungseinheit werden die Grenzkosten berechnet. Sie ergeben sich als Differentialquotient (1. Ableitung nach der Ausbringungsmenge) der Gesamtkostenfunktion. Geometrisch sind die Grenzkosten somit die Steigung der Gesamtkostenfunktion für eine bestimmte Ausbringungsmenge.

Tabelle 5.1: Abgeleitete Kostenfunktionen

Kostenfunktion	Beispiel
Gesamtkosten (K)	$5 + 7x^2$
Fixkosten (K_f)	5
variable Kosten (K_v)	$7x^2$
totale Stückkosten (k)	$5/x + 7x$
fixe Stückkosten (k_f)	$5/x$
variable Stückkosten (k_v)	$7x$
Grenzkosten (GK)	7

Die Grenzkosten zeigen an, wie sich die Gesamtkosten verändern, wenn die Ausbringungsmenge um eine infinitesimal kleine Einheit variiert wird. Sie berechnen sich als 1. Ableitung der Gesamtkostenfunktion.

Insgesamt werden neben der Gesamtkostenfunktion somit sechs weitere Kostenfunktionen in die Analyse mit einbezogen (vgl. Tabelle 5.1).

5.3 Kostenfunktionen auf der Grundlage spezieller Produktionsfunktionen

Die Kosten ergeben sich, wie bereits definiert, als die Summe der bewerteten Inputfaktoren. Nachfolgend werden für die Produktionsfunktionen vom Typ A und Typ B die Kostenverläufe diskutiert. Die Möglichkeit, anhand der Kosten die „optimale" Inputkombination bei Vorliegen einer Cobb-Douglas-Produktionsfunktion zu bestimmen, wird unter Gliederungspunkt 6.1 aufgezeigt. Die Bestimmung der Kostenhöhe ist dann unproblematisch, wenn eine Leontief-Produktionsfunktion vorliegt und keine Möglichkeit zur Prozesssubstitution besteht. Durch die technische Determinierung der Faktorkombinationen bei unterschiedlichen Ausbringungsmengen muss lediglich die Summe der bewerteten Inputverbräuche berechnet werden.

5.3.1 Der Kostenverlauf auf der Grundlage des Ertragsgesetzes

In Gliederungspunkt 4.3.1 wurde deutlich, dass die Produktionsfunktion vom Typ A zunächst steigende und danach fallende Grenzerträge aufweist. Unterstellt man konstante Inputpreise, dann bedeutet dies, dass die variablen Kosten - und somit die Gesamtkosten - bis zum Minimum der Grenzkosten degressiv, danach progressiv ansteigen.

Beispiel 5.7: Kostenverläufe bei Produktionsfunktionen vom Typ A
Gegeben ist die Kostenfunktion:

$$K = 2 + 0{,}1x^3 - 0{,}6x^2 + 3{,}2x$$

Hieraus ergeben sich folgende abgeleitete Kostenfunktionen:

- Gesamtkosten (K) = $\quad 2 + 0{,}1x^3 - 0{,}6x^2 + 3{,}2x$
- Grenzkosten (GK) = $\quad 0{,}3x^2 - 1{,}2x + 3{,}2$
- totale Stückkosten (k) = $\quad \dfrac{2}{x} + 0{,}1x^2 - 0{,}6x + 3{,}2$
- variable Stückkosten (k_v) = $0{,}1x^2 - 0{,}6x + 3{,}2$
- fixe Stückkosten (k_f) = $\quad \dfrac{2}{x}$

Tabelle 5.2: Kostenverläufe bei Produktionsfunktionen vom Typ A

x	K	GK	k	k_x	k_f
0,00	2,00	3,20	--	--	--
0,50	3,46	2,68	6,92	2,92	4,00
1,00	4,70	2,30	4,70	2,70	2,00
1,50	5,79	2,08	3,86	2,53	1,33
2,00	6,80	2,00	3,40	2,40	1,00
2,50	7,81	2,08	3,12	2,32	0,80
3,00	8,90	2,30	2,97	2,30	0,67
3,50	10,14	2,68	2,90	2,33	0,57
3,73	10,78	2,89	2,89	2,35	0,54
4,00	11,60	3,20	2,90	2,40	0,50
4,50	13,36	3,89	2,97	2,53	0,44
5,00	15,50	4,70	3,10	2,70	0,40

Die Fixkosten betragen konstant 2, die variablen Kosten ergeben sich als Differenz zwischen den Gesamt- und den Fixkosten, sie liegen also für jeden x-Wert 2 Einheiten unter den Gesamtkosten.

Der Verlauf der einzelnen Kostenfunktionen in Beispiel 5.7 ist in Abbildung 5.6 dargestellt.

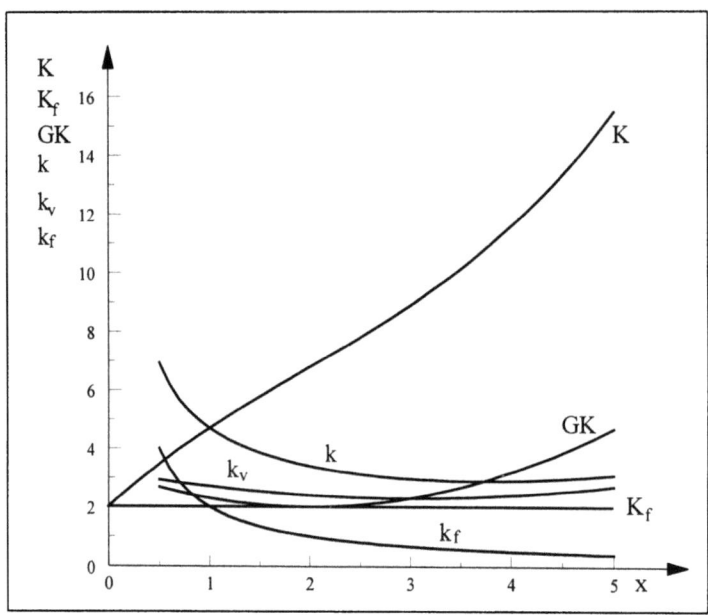

Abbildung 5.6: Kostenverlauf bei Produktionsfunktionen vom Typ A

Analog zur Produktionsfunktion vom Typ A können auch hier vier Bereiche unterschieden werden, die in Tabelle 5.3 näher charakterisiert sind.

Tabelle 5.3: Einteilung ertragsgesetzlicher Kostenverläufe

Phase	K	GK	k_v	k	Endpunkt
I	positiv steigend	positiv fallend	positiv fallend	positiv fallend	Wendepunkt von K; Minimum von GK
II	positiv steigend	positiv steigend	positiv fallend	positiv fallend	Minimum von k_v; GK = k_v
III	positiv steigend	positiv steigend	positiv steigend	positiv fallend	Minimum von k; GK = k
IV	positiv steigend	positiv steigend	positiv steigend	positiv steigend	

5.3.2 Der Kostenverlauf auf der Grundlage der Produktionsfunktion vom Typ B

Unter Gliederungspunkt 4.4.2.3 wurde aufgezeigt, dass es beim Vorliegen einer Produktionsfunktion vom Typ B unterschiedliche Möglichkeiten der Anpassung an Nachfrageschwankungen gibt, deren Auswirkungen auf die Kosten nun näher betrachtet werden.

- Zeitliche Anpassung

  Bei der zeitlichen Anpassung wird bei einer konstanten Anzahl von Potentialfaktoren möglichst mit der optimalen Intensität produziert. Unterstellt man konstante Inputpreise, dann ergeben sich konstante Grenzkosten sowie eine proportionale Beziehung zwischen den variablen Kosten und der Ausbringungsmenge bzw. der Betriebszeit.

  Beispiel 5.8: Zeitliche Anpassung

  Gegeben ist die Verbrauchsfunktion:

  $v = 6d^2 - 24d + 30$

  v = Verbrauch pro kg $\left[\dfrac{FE}{ME}\right]$

  d = Intensität $\left[\dfrac{ME}{ZE}\right]$

  Der Preis pro kg des Inputfaktors beträgt DM 0,2.
  Hieraus ergibt sich folgende Stückkostenfunktion:

  $k(d) = v(d) * p = 1{,}2d^2 - 4{,}8d + 6 \left[\dfrac{GE}{ME}\right]$

  Zur Bestimmung des Optimums muss diese Funktion nach d differenziert und die erste Ableitung gleich Null gesetzt werden:

  $\dfrac{dk}{dd} = 2{,}4d - 4{,}8$

  $2{,}4d - 4{,}8 = 0$

$$d_{opt} = 2 \left[\frac{ME}{ZE}\right]$$

Die optimalen Stückkosten betragen somit:

$$k(2) = 1,2*2^2 - 4,8*2 + 6 = 1,2 \left[\frac{GE}{ME}\right]$$

Die Kostenfunktion lautet:

$$K(x) = 1,2x \; [GE]$$

Die Kosten in Abhängigkeit von der Zeit haben die Form:

$$K(t) = k(d_{opt}) * d_{opt} = 1,2 * 2 = 2,4t \; [GE]$$

Graphisch ergeben sich die in Abbildung 5.7 aufgezeigten Kostenverläufe.

Müssen ab einer bestimmten Betriebszeit Überstundenzuschläge bezahlt werden, dann verläuft die Kostenfunktion ab diesem Zeitpunkt steiler.

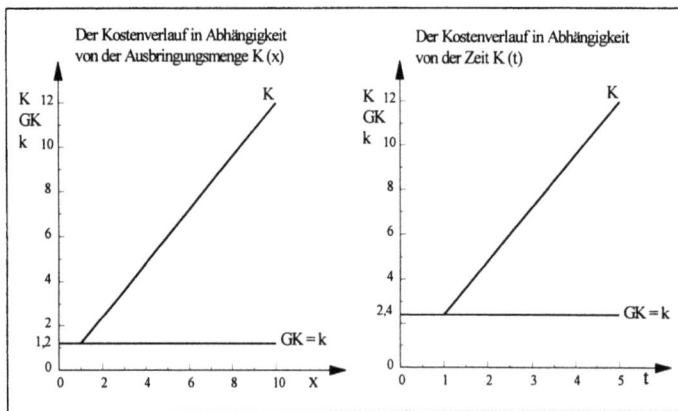

Abbildung 5.7: Kostenverlauf bei zeitlicher Anpassung

- Intensitätsmäßige Anpassung

    Die Stückkosten bei der intensitätsmäßigen Anpassung nehmen in der Regel zunächst ab, erreichen bei der optimalen Intensität ihr Minimum und nehmen anschließend wieder zu.

Beispiel 5.9: Intensitätsmäßige Anpassung.

Geht man wieder von der in Beispiel 5.7 verwendeten Verbrauchsfunktion aus und nimmt man weiterhin an, dass die Betriebszeit 8 Zeiteinheiten beträgt, dann kann man die Stückkostenfunktion in Abhängigkeit von der Ausbringungsmenge wie folgt bestimmen:

$$k(d) = 1{,}2d^2 - 4{,}8d + 6 \left[\frac{GE}{ME}\right]$$

Werden die Potentialfaktoren als konstant angesehen, dann ergibt sich die Höhe der Ausbringungsmenge nur noch in Abhängigkeit von d und t:

$$x = d * t.$$

Für t = 8 gilt somit: $x = d*8 \Rightarrow d = \frac{x}{8}$.

Setzt man diese Gleichung in die Stückkostenfunktion k(d) ein, lassen sich die Stückkosten in Abhängigkeit von der Ausbringungsmenge wie folgt schreiben:

$$k(x) = \frac{1{,}2x^2}{64} - 0{,}6x + 6 \left[\frac{GE}{ME}\right].$$

Die Kostenfunktion lautet damit:

$$K(x) = \frac{1{,}2x^3}{64} - 0{,}6x^2 + 6x \ [GE].$$

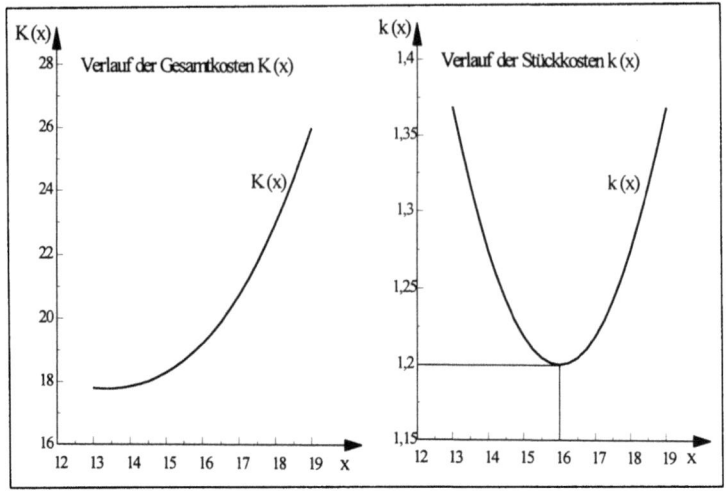

Abbildung 5.8: Intensitätsmäßige Anpassung

Da die optimale Intensität bei 2 liegt (vgl. Beispiel 5.7), ergeben sich für x = 16 die geringsten Stückkosten (vgl. Abbildung 5.8).

Diese Aussage ist aber nur für eine Betriebszeit von 8 Einheiten richtig. Wird die Betriebszeit verändert, ergibt sich eine andere „optimale" Ausbringungsmenge.

- Quantitative Anpassung
  Bei der quantitativen Anpassung wird die Menge der eingesetzten Potentialfaktoren variiert, wobei sich aber für alle Potentialfaktoren die gleichen Verbrauchsfunktionen ergeben. In Abhängigkeit davon, ob die nicht benötigten Potentialfaktoren veräußert werden, ergeben sich abbaubare Fixkosten (vgl. Abbildung 5.9). Soll die volle Betriebsbereitschaft auch bei einem momentanen Produktionsrückgang erhalten bleiben, werden diese abbaubaren Fixkosten weiterhin von dem Unternehmen getragen.

Beispiel 5.10: Quantitative Anpassung

Ein Unternehmen verfügt über drei identische Aggregate. Für jedes Aggregat fallen Fixkosten in Höhe von DM 5 an, die variablen Stückkosten betragen pro Ausbringungsmenge DM 0,5. Die von den Aggregaten unabhängigen Fixkosten betragen DM 10. Jedes Aggregat hat eine maximale Kapazität von 10 Mengeneinheiten. Die Gesamtkosten bei voller Produktion betragen somit:

$$K = 10 + 3*5 + 30*0,5 = 40$$

Der Verlauf der Kostenfunktion ist in Abbildung 5.9 aufgezeigt, wobei der schraffierte Bereich die abbaufähigen Fixkosten darstellt, die sich bei einem Produktionsrückgang ergeben.

Zu beachten ist bei dieser Betrachtung, dass bei einer rein quantitativen Anpassung nur die Produktionsmengen 0, 10, 20 und 30 möglich sind. Zwischenwerte können nur durch eine Kombination mit einer Intensitäts- oder zeitlichen Anpassung produziert werden.

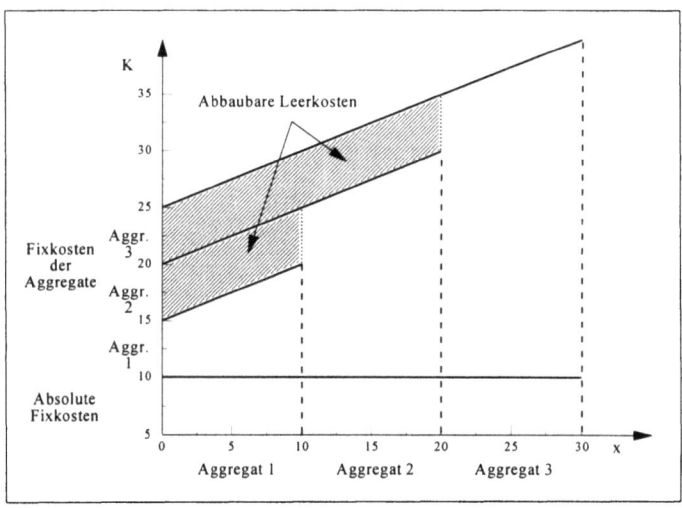

Abbildung 5.9: Quantitative Anpassung

- Selektive Anpassung
Diese Anpassungsform ist der quantitativen Anpassung sehr ähnlich,

allerdings ergeben sich hierbei für die einzelnen Potentialfaktoren unterschiedliche Kostenfunktionen. In der Regel geht man davon aus, dass bei älteren oder leistungsschwächeren Potentialfaktoren die Fixkosten relativ niedrig, die variablen Stückkosten dagegen im Vergleich mit neueren Potentialfaktoren höher sind. Bei einem Produktionsrückgang ergeben sich analog zur quantitativen Anpassung ebenfalls abbaubare Fixkosten.

- Qualitative Anpassung

  Bei der qualitativen Anpassung werden neue Verfahrenstechniken eingesetzt, wodurch sich die Kostensituation völlig verändert. Aber auch hier unterstellt man, dass die neueste Technologie zu den geringsten variablen Stückkosten führt, auf der anderen Seite aber hohe Fixkosten anfallen. Aus diesem Grund kann die Entscheidung über die „optimale" Technologie erst dann getroffen werden, wenn bekannt ist, mit welchen Absatzmengen in der nächsten Zeit zu rechnen ist.

Beispiel 5.11: Qualitative Anpassung

Ein Unternehmen hat die Möglichkeit zwischen drei unterschiedlichen Produktionsverfahren (PV) zu wählen, wobei sich folgende Kosten ergeben würden:

PV1: $K = 6 + 0{,}6x$
PV2: $K = 8 + 0{,}4x$
PV3: $K = 11{,}4 + 0{,}2x$

In Abbildung 5.10 ist dieses Entscheidungsproblem graphisch dargestellt.

Man kann erkennen, dass bis zu einer Ausbringungsmenge von 10 ME PV1 ist beste Alternative ist. Liegt die erwartete Ausbringungsmenge zwischen 10 und 17, dann ist PV2 zu wählen. Erst über einem x von 17 können die niedrigen variablen Kosten von PV3 sinnvoll genutzt werden.

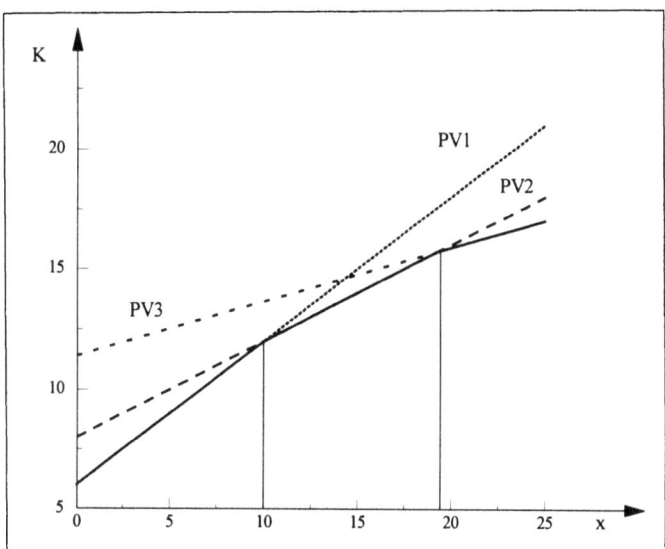

Abbildung 5.10: Qualitative Anpassung

Übungsaufgaben zum 5. Kapitel

Aufgabe 5.1:
a) Die Einflussfaktoren auf die Höhe der Kosten kann man in zwei große Bereiche unterteilen. Um welche Teilbereiche handelt es sich hierbei? Geben Sie pro Teilbereich drei Beispiele an.

b) Welche Rolle spielt die Zeit bei der Bestimmung der Einflussfaktoren auf die Kostenhöhe?

Aufgabe 5.2:
Im Rahmen der Kostentheorie kann man zwischen fixen und variablen Kosten entscheiden. Was versteht man unter fixen Kosten und warum treten sie auf?

Aufgabe 5.3:

a) Worin besteht der Unterschied zwischen Nutz- und Leerkosten?

b) Es fallen insgesamt Fixkosten in Höhe von 1.000 Geldeinheiten an. Die Kapazität des Aggregats beträgt 50 Mengeneinheiten. Wie lautet die Funktion für die Nutz- bzw. für die Leerkosten? Welche Nutz- bzw. Leerkosten ergeben sich, wenn 10, 20, 30 bzw. 50 Mengeneinheiten produziert werden?

Aufgabe 5.4:

Was versteht man unter sprungfixen Kosten? Welcher Zusammenhang besteht zwischen dieser Kostenart und der Ausbringungsmenge?

Aufgabe 5.5:

a) Welche Aussagen können anhand der Größe des Reagibilitätsgrades getroffen werden? Warum nimmt diese Größe bei Fixkosten den Wert 0 an?

b) Wie wirkt sich ein Reagibilitätsgrad von 1,5 bzw. von 0,7 auf die Situation eines Unternehmens aus?

Aufgabe 5.6:
Warum spricht man im Zusammenhang mit den Grenzkosten von infinitesimal kleinen Veränderungen der Ausbringungsmenge?

Aufgabe 5.7:
In welche 4 Phasen kann man ertragsgesetzliche Kostenverläufe unterteilen? Welche Besonderheiten liegen an den Übergängen vor und warum nehmen die variablen Stückkosten zunächst ab?

Aufgabe 5.8:

Gegeben ist folgende Verbrauchsfunktion: $v = 10d^2 - 40d + 80$.

a) Welche Stückkostenfunktion ergibt sich, wenn der Preis pro Inputfaktor DM 0,5 beträgt und man eine zeitliche Anpassung unterstellt? Wie verlaufen die Kosten in Abhängigkeit von der Zeit?

b) Welche Stückkostenfunktion in Abhängigkeit von der Ausbringungsmenge ergibt sich, wenn man von einer intensitätsmäßigen Anpassung ausgeht? Die Betriebszeit beträgt 8 Zeiteinheiten.

6. Bestimmung der optimalen Produktionsmenge

Nachdem in den Kapiteln 4 und 5 sowohl die produktionstheoretischen als auch die kostentheoretischen Zusammenhänge aufgezeigt wurden, werden diese beiden Bereiche nun zusammengeführt. Die Bestimmung der optimalen Produktionsmenge ist hierbei in erster Linie davon abhängig, welche Produktionsfunktion im Unternehmen vorliegt. Im weiteren Verlauf wird die Vorgehensweise sowohl für eine substitutionale als auch für die Produktionsfunktion vom Typ B ausführlich dargestellt.

6.1 Bestimmung der optimalen Produktionsmenge bei substitutionalen Produktionsfunktionen

Unter Punkt 4.2 wurden anhand der Produktionsfunktion $x = 0{,}1v_1^2 * v_2$ die unterschiedlichen Analyseansätze im Rahmen der Produktionstheorie aufgezeigt. Da es sich hierbei um eine substitutionale Produktionsfunktion handelt, stellt sich die Frage, welche der möglichen Inputkombinationen bei einem bestimmten Output gewählt werden soll. Zur Beantwortung dieser Frage müssen die Preise der Inputfaktoren in die Analyse mit einbezogen werden.

Beispiel 6.1: Optimaler Produktionsplan

> Gegeben ist die Produktionsfunktion $x = 0{,}1v_1^2 * v_2$ sowie die Inputpreise p_1 = DM 2 und p_2 = DM 4. Die Kostenfunktion lautet somit:
>
> $K = 2v_1 + 4v_2$.
>
> Welche Menge kann maximal produziert werden, wenn insgesamt DM 60 zur Verfügung stehen?
> Zur Lösung dieses Problems kann man die Lagrangefunktion benutzen, die allgemein folgende Form aufweist:

L = Zielfunktion + λ (Nebenbedingung)

Zu beachten ist hierbei, dass die Nebenbedingung so formuliert wird, dass sie den Wert Null ergibt.

Der Vorteil dieses Ansatzes liegt darin, dass mit diesem Verfahren sowohl der Output bei gegebenen Kosten maximiert, als auch die Kosten bei gegebenem Output minimiert werden können. Im ersten Fall ist die Produktionsfunktion die Zielfunktion und die Kostenfunktion die Nebenbedingung, im zweiten
Fall ist dies genau umgekehrt.
Formt man die Kostenfunktion so um, dass sie den Wert Null annimmt, ergibt sich folgende Lagrangefunktion:

$$L = 0{,}1 v_1^2 * v_2 + \lambda * (60 - 2v_1 - 4v_2)$$

Zum Auffinden des Maximums dieser Funktion muss man zunächst die partiellen ersten Ableitungen bilden und gleich Null setzen:

(1) $\dfrac{\partial L}{\partial v_1} = 0{,}2 v_1 * v_2 - 2 * \lambda$

(2) $\dfrac{\partial L}{\partial v_2} = 0{,}1 v_1^2 - 4 * \lambda$

(3) $60 - 2v_1 - 4v_2$

Dividiert man die Gleichung (1) durch Gleichung (2), so kann der Lagrangeparameter λ eliminiert werden. Löst man diese Gleichung nach v_1 auf, ergibt sich:

(4) $v_1 = 4 v_2$.

Diesen Ausdruck setzt man nun in Gleichung (3) ein.

(5) $60 - 2 * (4v_2) - 4v_2 = 0 \Rightarrow v_2 = 5$.

Anhand von (4) ergibt sich somit für v_1 der Wert 20.

Setzt man $v_1 = 20$ und $v_2 = 5$ in die Produktionsfunktion ein, ergibt sich als maximale Produktionsmenge bei einem Kostenbudget von DM 60 und Inputpreisen von $p_1 = $ DM 2 bzw. $p_2 = $ DM 4 der Wert 200.

Den in Beispiel 6.1 beschriebenen Weg kann man auch gehen, wenn bei gleicher Produktions- und Kostenfunktion eine Produktionsmenge von 200 gefordert werden wird, mit der Zielsetzung die Kosten zu minimieren. In diesem Fall ergibt sich folgende Lagrangefunktion:

$$L = 2v_1 + 4v_2 + \lambda * \left(200 - 0{,}1v_1^2 v_2\right).$$

Das Ergebnis lautet:

Zur Produktion der geforderten Menge von 200 Einheiten muss mindestens ein Budget von DM 60 zur Verfügung gestellt werden.

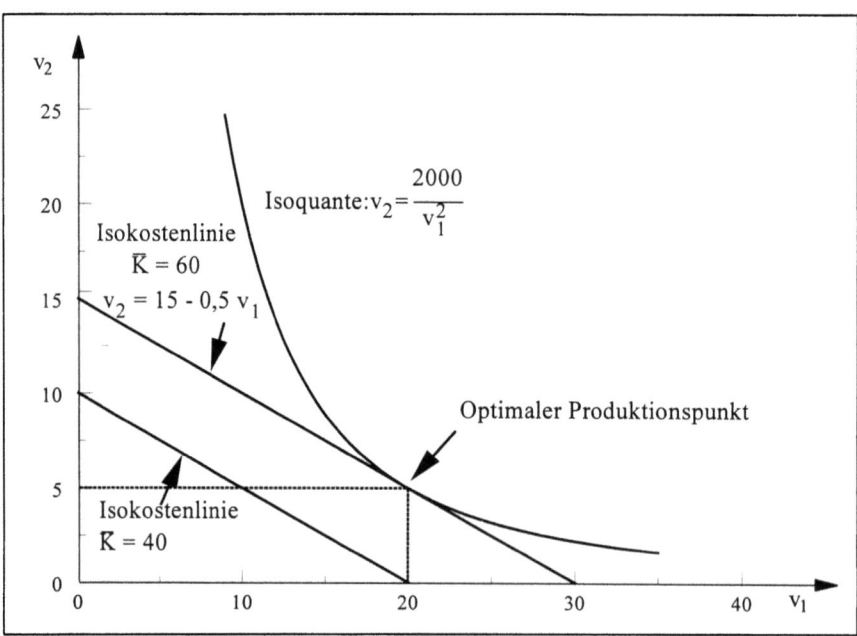

Abbildung 6.1: Der optimale Produktionsplan

Da im obigen Beispiel nur zwei Inputfaktoren betrachtet werden, kann die Lösung des Optimierungsproblems auch graphisch dargestellt werden (vgl. Abbildung 6.1), wobei hier der Fall der Kostenminimierung betrachtet wird.

Zunächst wird in ein v_1/v_2-Diagramm die Isoquante für x = 200 eingezeichnet. Anschließend muss die Isokostenlinie solange verschoben werden, bis sie die Isoquante tangiert. Dieser Punkt gibt die kostenminimale v_1/v_2-Kombination an, mit der ein Output von 200 Einheiten erzielt werden kann. Die Isokostenlinien, die näher am Nullpunkt liegen, haben zwar ein niedrigeres Niveau, erlauben aber nicht die Produktion von 200 Einheiten.

Anhand dieser graphischen Lösung kann auch noch ein wichtiger Zusammenhang aufgezeigt werden.

Im Produktionsoptimum sind die bewerteten Grenzproduktivitäten aller Inputfaktoren identisch.

Dieser Zusammenhang lässt sich wie folgt ableiten:

Im Tangentialpunkt ist die Steigung der Isokostenlinie gleich der Steigung der Isoquante:

$$-\frac{P_1}{P_2} = \frac{dv_2}{dv_1}$$

Bei der Ableitung der Grenzrate der Substitution ergab sich:

$$\frac{dv_2}{dv_1} = \frac{-\frac{\partial x}{\partial v_1}}{\frac{\partial x}{\partial v_2}}$$

Fasst man diese beiden Gleichungen zusammen, ergibt sich der oben beschriebene Zusammenhang.

6.2 Die optimale Intensität

Geht man von einer Produktionsfunktion vom Typ B aus, ergibt sich unter anderem die Frage, mit welcher Intensität das Aggregat betrieben werden soll. Dies ist insbesondere dann von Bedeutung, wenn unterschiedliche Inputfaktoren zum Einsatz kommen, deren individuelle Intensitätsoptima voneinander abweichen.

Beispiel 6.2: Die optimale Intensität

Gegeben sind folgende Verbrauchsfunktionen eines Aggregats:

$$v_1 = 4d^2 - 20d + 60 \left[\frac{FE}{ME}\right]$$

$$v_2 = 2d^2 - 34d + 140 \left[\frac{FE}{ME}\right]$$

Die Preise für die Inputfaktoren betragen:

$$p_1 = 3 \left[\frac{GE}{FE}\right]$$

$$p_2 = 2 \left[\frac{GE}{FE}\right].$$

Die Betriebszeit ist auf 8 Zeiteinheiten (=Stunden) begrenzt. Folgende Fragen sollen beantwortet werden:

- Wie hoch ist die optimale Intensität des Aggregats?
  Zunächst muss die Stückkostenfunktion in Abhängigkeit von der Intensität berechnet werden. Hierzu werden die Verbrauchsfunktionen mit ihren Preisen bewertet und addiert:

$$k(d) = 3*\left(4d^2 - 20d + 60\right) + 2*\left(2d^2 - 34 + 140\right)$$

$$k(d) = 16d^2 - 128d + 460 \left[\frac{GE}{ME}\right]$$

Zur Bestimmung des minimalen Verbrauchs muss die erste Ableitung von k(d) nach d berechnet und Null gesetzt werden:

$$\frac{dk}{dd} = 32d - 128 = 0$$

$$d_{opt} = 4$$

Die optimale Intensität beträgt $4 \left[\frac{ME}{ZE}\right]$.

- Welche Tagesproduktion ist bei optimaler Intensität erreichbar, wenn pro Tag 8 Stunden gearbeitet wird?

Bei konstantem Potentialfaktorbestand berechnet sich die Ausbringungsmenge als Produkt der Intensität und der Zeit:

$$x = d*t = 4*8 = 32.$$

Die maximale Tagesproduktion bei einer Intensität von 4 beträgt 32 Einheiten.

- Wie hoch ist der Verbrauch an Inputfaktoren bei einer Tagesproduktion (d_{opt})?

Der Gesamtverbrauch von v_1 kann nach folgender Formel berechnet werden:

$$V_1 = v_1(d_{opt}) * d_{opt} * t$$
$$V_1 = (4*4^2 - 20*4 + 60)*4*8 = 1408$$
$$V_2 = (2*4^2 - 34*4 + 140)*4*8 = 1152$$

Zur Produktion von 32 Einheiten bei optimaler Intensität werden 1.408 Einheiten von v_1 und 1.152 Einheiten von v_2 benötigt.

- Welche Kosten entstehen bei einer Tagesproduktion von 32 Mengeneinheiten?

Die Beantwortung dieser Fragestellung kann auf drei Arten erfolgen.

Da der Tagesverbrauch bekannt ist, muss dieser nur noch mit den Inputpreisen bewertet werden:

$$1.408 * 3 + 1.152 * 2 = 6.528$$

Die Berechnung kann auch über die Stückkostenfunktion in Abhängigkeit von der Intensität erfolgen:

$$K = k(d_{opt}) * d * t$$
$$K = (16 * 4^2 - 128 * 4 + 460) * 4 * 8 = 6.528$$

Die dritte Möglichkeit ist, zunächst die Stückkostenfunktion in Abhängigkeit von der Ausbringungsmenge zu berechnen und mit der entsprechenden Menge zu multiplizieren:

Geht man von einer konstanten Betriebszeit von 8 Stunden aus, kann man die Intensität wie folgt ersetzen:

$$x = d * t \Rightarrow d = \frac{x}{t} = \frac{x}{8}$$

Hieraus ergibt sich:

$$k(x) = 16 * \left(\frac{x^2}{64}\right) - 128 * \frac{x}{8} + 460$$
$$k(32) = 204$$

Die Stückkosten betragen bei der optimalen Intensität und einer Betriebszeit von 8 Stunden 204 [GE/ME]. Die Gesamtkosten der Produktion betragen: 204 * 32 = 6.528.

Die in Beispiel 6.2 aufgezeigten Analysen können natürlich auf beliebig viele Inputfaktoren übertragen werden. Komplexer werden die Berechnungen, wenn mehrere Maschinen betrachtet werden und sowohl eine zeitliche als auch eine intensitätsmäßige Anpassung in die Betrachtung mit einbezogen werden. Auf diese Fragestellungen wird an dieser Stelle aber nicht näher eingegangen.

Übungsaufgaben zum 6. Kapitel

Aufgabe 6.1:

Gegeben ist folgende Produktionsfunktion:

$x = 2v_1^{0,4} * v_2^{0,6}$;   x = Output; v_1, v_2 = Inputfaktoren

Der Preis für den Inputfaktor v_1 beträgt DM 10, für eine Einheit von v_2 muss das Unternehmen DM 5 bezahlen. Wie groß ist die Produktionsmenge, die das Unternehmen maximal erzielen kann, wenn ihm ein Kostenbudget von DM 750 zur Verfügung steht?

Aufgabe 6.2:

Ein Unternehmen hat folgende Produktionsfunktion: $x = 8v_1 * 0,5v_2$ und soll 5.000 Mengeneinheiten produzieren. Die Preise für die Inputfaktoren betragen: p_1 = DM 4 und p_2 = DM 8. Wie hoch liegen die Produktionskosten für die Zielmenge mindestens?

Aufgabe 6.3:

Für ein Aggregat sind folgende Durchschnittsverbrauchsfunktionen gegeben:

$$v_1(d) = \frac{1}{100} * d^2 - 2d + 120 \left[\frac{FE}{ME}\right]$$

$$v_2(d) = \frac{2}{100} * d^2 - 3d + 130 \left[\frac{FE}{ME}\right]$$

Die Preise für die Faktoren betragen:

$$p_1 = 0,5 \left[\frac{GE}{FE}\right]$$

$$p_2 = 1 \left[\frac{GE}{FE}\right]$$

Die Betriebszeit des Aggregats ist auf 8 Zeiteinheiten begrenzt.

a) Wie hoch ist die optimale Intensität des Aggregats?

b) Welche Tagesproduktion ist möglich, wenn bei optimaler Intensität produziert wird? Wie teuer ist diese Tagesproduktion?

Tips zur Lösung der Übungsaufgaben

Aufgabe 2.4:

a) Der Prognosewert beträgt 81.

b) Der Prognosewert beträgt 85,45.

c) Zur Prognose muss folgende Formel berechnet werden:

$$b_t^o = k + s*t_t$$

$$s = \frac{\sum_{t=1}^{n} b_t*t_t - n*\bar{b}_t\bar{t}_t}{\sum_{t=1}^{n} t_t^2 - n*t_t^2} = \frac{1380 - 6*56,67*3,5}{91 - 6*3,5^2} = 10,85$$

$$k = \bar{b}_t - s*\bar{t}_t = 56,67 - 10,85*3,5 = 18,70$$

$$b_t^o = 18,70 + 10,85 t_t$$

Aufgabe 2.6:

Zunächst muss die Kostenfunktion aufgestellt werden:

$$K = B*p + k_f*\frac{B}{x} + \frac{x*p}{2}*\frac{k_{lh}}{100}$$

$$x_{opt} = \sqrt{\frac{200*15*5000}{10*6}} = 500$$

$$K = 5000*10 + 15*\frac{5000}{500} + \frac{500*10}{2}*\frac{6}{100} = 50300$$

Aufgabe 2.8:

$$B = Re + V*t_w = 5000 + 1000*3 = 8000$$

Aufgabe 3.3:

a) Die gesamten Fixkosten betragen DM 17.600.
Der erzielbare Deckungsbeitrag beträgt DM 27.900.
Der Gewinn beträgt DM 10.300.

b) Bei dieser Aufgabenstellung müssen die relativen Deckungsbeiträge berechnet werden.

Der erzielbare Deckungsbeitrag beträgt: DM 24.990.

Der Gewinn beträgt DM 7.390, da die gesamten Fixkosten weiterhin zu tragen sind.

Aufgabe 3.7:

Zunächst muss die Kostenfunktion aufgestellt werden:

$$K = M*h + k_f * \frac{M}{m} + \frac{m}{2} * h * \frac{k_{lh}}{100}$$

$$m_{opt} = \sqrt{\frac{200*10.000*20}{8*5}} = 1.000$$

Die Produktionskosten belaufen sich auf:

$$10.000*8 + 20*\frac{10.000}{1.000} + 1.000*\frac{8}{2}*\frac{5}{100} = 80.400$$

Aufgabe 4.3:

$$NPG = \frac{\partial x}{\partial v_1} * v_1^o + \frac{\partial x}{\partial v_2} * v_2^o$$

$$NPG = 6*3*5*3 + 3*3^2*5 = 405$$

Aufgabe 4.4:

b) $\lambda_x^q = 3(\lambda v_1)^2 * (\lambda v_2)$

$\qquad = \lambda^3 * 3v_1^2 * v_2 \Rightarrow q = 3$

Aufgabe 4.7:

b) $x = \min\left(\frac{1}{4}v_1;\ 2v_2\right); \quad x = \min\left(\frac{1}{4}*60;\ 2*20\right) = \min(15;\ 40) = 15$

Aufgabe 5.3:

b) $K_n = x * \dfrac{K_f}{y} = x * 20$

$K_1 = (y - x) * \dfrac{K_f}{y} = (50 - x) * 20$

Aufgabe 5.8:

a) Die Stückkostenfunktion lautet:

$k(d) = v(d) * p = 5d^2 - 20d + 40$

$\dfrac{dk}{dd} = 10d - 20$

$k(d_{opt} = 2) = 5 * 2^2 - 20 * 2 + 40 = 20 \left[\dfrac{GE}{ME} \right]$

Die Kostenfunktion lautet somit:

$K(x) = 20x \; [GE]$

bzw.:

$K(t) = K(d_{opt}) * d_{opt} = 20 * 2 = 40t \; [GE]$

b) Es ergibt sich folgende Kostenfunktion:

$k(d) = 5d^2 - 20d + 40 = \left[\dfrac{GE}{FE} \right]$

Für t = 8 ergibt sich: $x = d * 8 \Rightarrow d = \dfrac{x}{8}$

Als Stückkosten bzw. Gesamtkosten ergeben sich :

$k(x) = 5 * \dfrac{x^2}{64} - \dfrac{20x}{8} + 40 = 12{,}8x^2 - 2{,}5x + 40$

$K(x) = 12{,}8x^3 - 2{,}5x^2 + 40x$

Aufgabe 6.1:

Zunächst muss die Lagrangefunktion aufgestellt und differenziert werden:

$$L = 2v_1^{0,4} * v_2^{0,6} + \lambda(750 - 10v_1 - 5v_2)$$

$(1) \dfrac{\partial L}{\partial v_1} = 0,8v_1^{-0,6} * v_2^{0,6} - 10\lambda = 0$; $(2) \dfrac{\partial L}{\partial v_2} = 1,2v_1^{0,4} * v_2^{-0,4} - 5\lambda = 0$

$(3) \dfrac{\partial L}{\partial \lambda} = 750 - 10v_1 - 5v_2 = 0$

Zur Bestimmung von v_1 wird folgende Berechnung notwendig:

$$\dfrac{0,8v_1^{-0,6} * v_2^{0,6} - 10\lambda}{1,2v_1^{0,4} * v_2^{-0,4} - 5\lambda} = 0 \Rightarrow \dfrac{0,8v_2}{1,2v_1} = 2 \Rightarrow v_1 = 0,33v_2$$

Setzt man diesen Ausdruck in Gleichung (3) ein, ergibt sich für v_2 der Wert 90 ($v_1 = 30$).

Die maximale Produktionsmenge liegt bei 155,99 Einheiten.

Aufgabe 6.2:

Zunächst muss die Lagrangefunktion aufgestellt und differenziert werden:

$$L = 4v_1 + 8v_2 + \lambda(5000 - 8v_1 * 0,5v_2)$$

v_2 hat den Wert 25; v_1 beträgt 50, damit entstehen Kosten in Höhe von DM 400.

Aufgabe 6.3:

a) Die Durchschnittskostenfunktion beträgt:

$$k(d) = \dfrac{1}{40} * d_2^2 - 4d + 190$$

Die optimale Intensität hat den Wert 80.

b) Die mögliche Tagesproduktion beträgt 640 Einheiten.

Die Produktionskosten liegen bei DM 19.200.

Musterlösungen zu den Übungsaufgaben

Aufgabe 2.1:

Die Materialwirtschaft hat die Aufgabe, den Bedarf an Materialien und Handelswaren wirtschaftlich zu decken sowie für eine angemessene Entsorgung nicht mehr benötigter Materialien, Handelswaren und Produkte zu sorgen. Dieses Aufgabengebiet kann in die Bereiche Beschaffung (Bedarfsplanung und Einkauf), Transport, Lager und Entsorgung untergliedert werden.

Aufgabe 2.2:

a) Die Normung und Typung bilden zusammen den Bereich der Materialstandardisierung. Mit Hilfe der Normung versucht man, sowohl Kosteneinsparungen als auch Produktivitätssteigerungen zu erzielen. Normung ist die planmäßige, durch die interessierten Kreise gemeinschaftlich durchgeführte Vereinheitlichung von materiellen und immateriellen Gegenständen zum Nutzen der Allgemeinheit. Die Typung bezieht sich dagegen auf die Endprodukte. Hierdurch soll eine Optimierung der Angebotspalette erreicht werden.

b) Mit Hilfe der Materialnummerung können die Materialien identifiziert und klassifiziert werden, um jederzeit alle notwendigen Analysen durchführen zu können. Unterscheiden kann man beispielsweise zwischen der Materialhauptgruppe, der Materialgruppe, des Materialstoffs oder der Lagerstätte.

c) Die ABC-Analyse erlaubt einen schnellen Überblick über die wertmäßige Bedeutung der verschiedenen Materialien. Allerdings wird hierbei nur der wertmäßige Verbrauch des Materials zur Klassifizierung herangezogen, obwohl zu einer vollständigen Beschreibung der Situation auch Größen wie zum Beispiel die Lieferzeit oder die Fehlmengenkosten berücksichtigt werden müssen.

Aufgabe 2.3:

Bei den Baukastenstücklisten wird für jede Baugruppe bzw. für die Endprodukte mit Hilfe einer Liste aufgezeigt, welche Materialien bzw. Baugruppen zur Produktion einer Einheit benötigt werden. Der Vorteil dieser Art der Darstellung ist, dass der Bedarf der Baugruppen unabhängig von einer konkreten Produktion erfasst wird, so dass diese Informationen an beliebigen Stellen der Materialplanung integriert werden können. Problematisch ist dagegen, dass durch diese isolierte Vorgehensweise der Gesamtbedarf für ein Endprodukt oder eine Baugruppe nur bei einer einstufigen Produktion erkennbar ist.

Aufgabe 2.4:

a) Wird der Prognosewert für die siebte Periode mit Hilfe eines 3er-Durchschnitts berechnet, ergibt sich: 90*0,6 + 70*0,3 + 60*0,1 = 81.
Aufgrund des positiven Trends des Bedarfs sollte dieses Verfahren hier nicht angewandt werden.

b) Für die Berechnung des Prognosewertes mit Hilfe der exponentiellen Glättung erster Ordnung ergibt sich folgendes Ergebnis:

$$b_{t+1}^o = b_t^o + \alpha * \left(b_t - b_t^o\right)$$

Periode	Bedarf b_t	Schätzwert b_t^o	Schätzfehler $\left(b_t - b_t^o\right)$	Schätzfehler * α (= 0,8)
1	30	30,00	0	0
2	50	30,00	50 - 30,00	16,00
3	40	46,00	40 - 46,00	- 4,80
4	60	41,20	60 - 41,20	15,04
5	70	56,24	70 - 56,24	11,01
6	90	67,25	90 - 67,25	18,20
7		85,45		

Der Prognosewert für die siebte Periode beträgt 85.45 Einheiten.

Allerdings unterschätzt auch dieses Verfahren bei einem positiven Trend die Entwicklung.

c) Der Prognosewert mit Hilfe der linearen Trendfunktion ergibt sich anhand folgender Formel: $b_t^o = k + s * t_t$

$$s = \frac{\sum_{t=1}^{n} b_t * t_t - n * \overline{b}_t \overline{t}_t}{\sum_{t=1}^{n} t_t^2 - n * \overline{t}_t^2} = \frac{1380 - 6*56,67*3,5}{91 - 6*3,5^2} = 10,85$$

$k = \overline{b}_t - s * \overline{t}_t = 56,67 - 10,85*3,5 = 18,70$

$b_t^o = 18,70 + 10,85 t_t$

Periode	Zeitpunkt b_t^o	Bedarf b_t	Bedarf * Zeitpunkt $b_t^o * t_t$	Zeitpunkt quadriert t_t^2	Prognose b_t^o
1	1	30	30	1	29,55
2	2	50	100	4	40,40
3	3	40	120	9	51,25
4	4	60	240	16	62,10
5	5	70	350	25	72,95
6	6	90	540	36	83,80
Summe	21	340	1380	91	
Durchschnitt	3,5	56,67			

Anhand des Ergebnisses wird deutlich, dass dieses Verfahren Prognosewerte liefert, die relativ nahe an den tatsächlichen Bedarfswerten liegen.

Aufgabe 2.5:

a) Die Einkaufsabteilung hat einerseits die Aufgabe, die formale Bestellung der Materialien durchzuführen. Hierzu gehört neben der vertraglichen Gestaltung der Beschaffung auch die Beschaffungsmarktforschung sowie die Kontaktpflege zu den Lieferanten. Einerseits soll gewährleistet werden, dass alle notwendigen Bedarfe schnell und zuverlässig beschafft werden können, andererseits können durch eine intensive Zusammenarbeit mit den Lieferanten die Transaktionskosten deutlich gesenkt werden.

b) Typische Bewertungskriterien für Lieferanten sind beispielsweise die Zuverlässigkeit bzw. die Kapazität des Lieferanten, die Preise und Zusatzleistungen sowie die Qualität der angebotenen Materialien. Diese Kriterien können zunächst aufgrund ihrer Bedeutung für das Unternehmen gewichtet und anschließend bezüglich der unterschiedlichen Lieferanten bewertet werden. Je nach Richtung der Bewertungsskala wird dann der Lieferant mit der höchsten bzw. der mit der niedrigsten Punktzahl ausgewählt.

Aufgabe 2.6:

a) Die Beschaffungskosten lassen sich in drei große Blöcke unterteilen:

- Beschaffungskosten im engeren Sinne
  Hierzu zählen sowohl die unmittelbaren Beschaffungskosten (Menge * Einstandspreis) als auch die mittelbaren Beschaffungskosten, die pro Bestellung anfallen.
- Lagerhaltungskosten
  Die Lagerhaltungskosten setzen sich aus den reinen Lagerkosten und den Kapitalbindungskosten zusammen.
- Fehlmengenkosten
  Diese Kosten entstehen, wenn entweder die Produktion zum Stillstand kommt oder durch Lieferprobleme Konventionalstrafen bezahlt werden müssen.

b) Die gesamten Beschaffungskosten ergeben sich wie folgt:

$$K = B*p + k_f * \frac{B}{x} + \frac{x*p}{2} * \frac{k_{lh}}{100}$$

Leitet man diese Funktion nach x (= Bestellmenge) ab, setzt die erste Ableitung gleich Null und löst die Gleichung nach x auf, ergibt sich:

$$x_{opt} = \sqrt{\frac{200 * k_f * B}{p * k_{lh}}}$$

Durch Einsetzen der entsprechende Werte ergibt sich als optimale Bestellmenge:

$$x_{opt} = \sqrt{\frac{200*15*5000}{10*6}} = 500$$

Es sollten 10 mal 500 Einheiten beschafft werden, um den Gesamtbedarf von 5.000 Einheiten zu decken.

Die gesamten Beschaffungskosten betragen mindestens:
$$K = 5.000*10 + 15*\frac{5.000}{500} + \frac{500*10}{2}*\frac{6}{100} = 50.300$$

Aufgabe 2.7:

Zur Auswahl des Transportmittels werden u.a. die Kosten, die Schnelligkeit, die technische Eignung, die Zuverlässigkeit und die Verfügbarkeit des Transportmittels bzw. des Transportunternehmens bewertet. Den Zuschlag erhält der Lieferant, der insgesamt die höchste Bewertung erhält. Zur besseren Differenzierung der Auswahlkriterien können diese zunächst gewichtet werden.

Aufgabe 2.8:

Der Bestellbestand beträgt:
$$B = Re + V*t_w = 5.000 + 1.000*3 = 8.000 \text{ Einheiten}$$

Aufgabe 3.1:

Die Produktionsplanung umfasst die Produktionsprogramm- und die Produktionsablaufplanung, wobei jeweils zwischen einem strategischen und einem operativen Planungsbereich unterschieden werden muss. Zu beachten ist hierbei, dass starke Wechselbeziehungen zwischen diesen Teilplanungen bestehen. Beispielsweise hängt die Frage nach der Organisationsform der Fertigung (strategische Produktionsablaufplanung) unter anderem von der Sortimentstiefe bzw. -breite (strategische Produktionsprogrammplanung) ab. Der Zusammenhang zur Unternehmensplanung ist darin zu sehen, dass die Produktionsentscheidungen nicht autark, sondern in Abstimmung mit den anderen Unternehmensbereichen getroffen werden müssen. Die abgestimmten Bereichsplanungen sind sowohl die Grundlage als auch das Ergebnis der Unternehmensplanung.

Aufgabe 3.2:

Bei der Festlegung des Produktionssortiments sind eine Vielzahl von Abteilungen beteiligt, auch wenn letztendlich die Entscheidung von der Unternehmensleitung getroffen wird. Neben dem Marketing sind die Vertriebs-, die Rechts- und die Finanzabteilung sowie die Produktion, die Materialwirtschaft, die Konstruktion und Entwicklung sowie das Controlling an dieser Entscheidungsfindung beteiligt.

Aufgabe 3.3:

a) Bei unbegrenzten Kapazitäten werden alle Produkte produziert, die einen positiven Deckungsbeitrag erwirtschaften.

Produkt	x_{max}	k_v	k_f	k	p	$DB_{St} =$ $p - k_v$	$G_{St} =$ $p - k$
1	600	15	5	20	23	8	3
2	900	20	7	27	29	9	2
3	700	14	4	18	15	1	- 3
4	1100	14	5	19	27	13	8

Hierbei bedeuten:

x_{max} = maximal absetzbare Menge

k_v = variable Stückkosten

k_f = fixe Stückkosten bei maximaler Absatzmenge

k = gesamte Stückkosten bei maximaler Absatzmenge

p = Absatzpreis pro Stück

DB_{St} = Deckungsbeitrag pro Stück

G_{St} = Gewinn pro Stück

Die Fixkosten betragen: 600*5 + 900*7 + 700*4 + 1.100*5 = 17.600

Der insgesamt erzielbare Deckungsbeitrag beläuft sich auf:

600*8 + 900*9 + 700*1 + 1.100*13 = 27.900

Der maximale Gewinn beträgt somit: 27.900 - 17.600 = 10.300

b) Liegen Kapazitätsengpässe vor, müssen anstatt der absoluten die relativen Deckungsbeiträge berechnet werden.

Produkt	x_{max}	PK	DB_{Stab}	$DB_{Stre} = DB_{Stab}/PK$	Rangplatz
1	600	3	8	8/3 = 2,67	2
2	900	1	9	9/1 = 9,00	1
3	700	6	1	1/6 = 0,17	4
4	1.100	10	13	13/10 = 1,30	3

DB_{Stab} = absoluter Deckungsbeitrag pro Stück
DB_{Stre} = relativer Deckungsbeitrag pro Stück

Die Kapazität wird nun in Abhängigkeit vom Rangplatz auf die verschiedenen Produkte aufgeteilt.

Aufgrund der knappen Kapazität können nur noch die Produkte 1 und 2 in vollem Umfang produziert werden. Die restlichen Kapazitätseinheiten werden zur Produktion von 930 Einheiten von Produkt 4 eingesetzt. Produkt 3 wird aufgrund des geringen Deckungsbeitrags nicht mehr gefertigt.

Produkt	$x_{mög}$	Rangplatz	DB_{Stab}	PK	benötigte Kapazität	restliche Kapazität
1	600	2	8	3	1.800	9.300
2	900	1	9	1	900	11.100
3		4	1	6	4.200	
4	930	3	13	10	11.000	0

$x_{mög}$ = aufgrund der zur Verfügung stehenden Kapazität mögliche Produktionsmenge

Der nun insgesamt erzielbare Deckungsbeitrag beläuft sich auf:
600*8 + 900*9 + 930*13 = 24.990

Der maximale Gewinn beträgt: 24.990 – 17.600 = 7.390

Aufgrund der Kapazitätsprobleme ergibt sich ein Gewinnrückgang von 2.910 Geldeinheiten.

Aufgabe 3.4:

Dieses Problem kann mit Hilfe des Simplex-Algorithmus gelöst werden. Zunächst sind die Restriktionsgleichungen und die Zielfunktion aufzustellen.

Produktionskoeffizienten

	Produkt x_1	Produkt x_2
Rohstoff r_1	$PK_{x_1,r_1} = 2$	$PK_{x_2,r_1} = 4$
Rohstoff r_2	$PK_{x_1,r_2} = 3$	$PK_{x_2,r_2} = 2$

Restriktionen:
(1) $2x_1 + 4x_2 \leq 160$
(2) $3x_1 + 2x_2 \leq 120$
(3) $x_1 \geq 0$
(4) $x_2 \geq 0$

Zielfunktion: $DB = 50x_1 + 80x_2$

Die Restriktionen und die Zielfunktion müssen nun in ein Koordinatensystem eingezeichnet werden (vgl. untenstehende Abbildung). Man kann er-

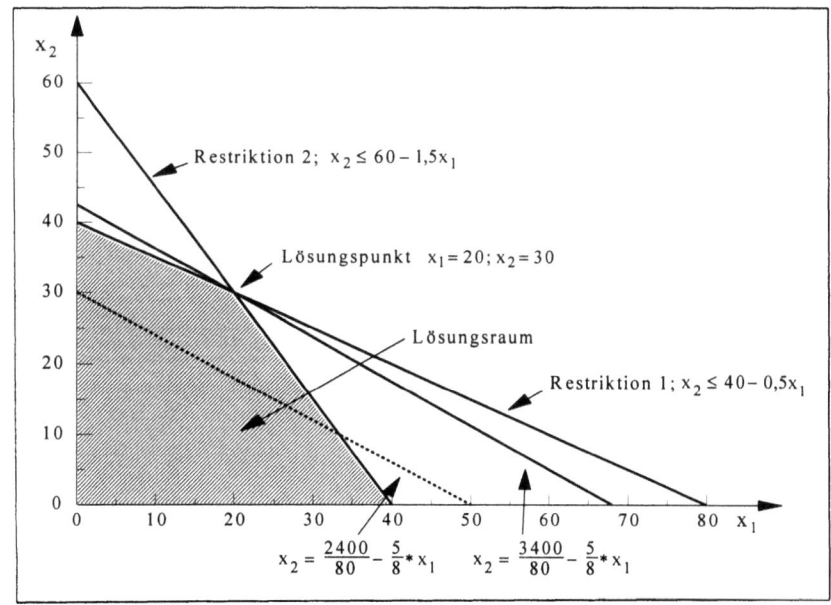

kennen, dass mit einer Produktionsmenge von $x_1 = 20$ und $x_2 = 30$ der maximale Deckungsbeitrag von 3.400 erzielt wird.

Aufgabe 3.5:
Der Fremdbezug ist zum Beispiel dann der Eigenfertigung vorzuziehen, wenn sich dadurch Kostenvorteile ergeben. Dies kann zum Beispiel der Fall sein, wenn nur Kleinserien benötigt werden oder ein Kapazitätsengpass ausgeglichen werden muss.

Aufgabe 3.6:
Aufgrund der vorliegenden Informationen kann zunächst folgende Kostenfunktion aufgestellt werden:

$$K = M*h + k_f * \frac{M}{m} + \frac{m}{2} * h * \frac{k_{lh}}{100}$$

Wird diese Funktion nach m (= Losgröße) abgeleitet, die Ableitung gleich Null gesetzt und nach m aufgelöst ergibt sich:

$$m_{opt} = \sqrt{\frac{200 * M * k_f}{h * k_{lh}}}$$

Setzt man die oben angegebenen Werte in diese Gleichung ein, ergibt sich als optimale Losgröße:

$$m_{opt} = \sqrt{\frac{200 * 10.000 * 20}{8 * 5}} = 1.000$$

Die optimale Losgröße beträgt 1.000 Einheiten.

Insgesamt ergeben sich Produktionskosten in Höhe von:

$$10.000 * 8 + 20 * \frac{10.000}{1.000} + 1.000 * \frac{8}{2} * \frac{5}{100} = 80.400$$

Aufgabe 3.7:
In den Fällen, in denen sich der Absatz nicht kontinuierlich entwickelt, hat ein Unternehmen zum Beispiel folgende Möglichkeiten, die Produktion

mit dem Absatz in Einklang zu bringen:
- Synchronisation

  Die Produktion wird dem Absatz angeglichen. Keine Lagerbestände, aber eine sehr ungleichmäßige Kapazitätsauslastung.
- Emanzipation

  Gleichmäßige Produktion. Hohe Lagerbestände aber gleichmäßige Kapazitätsauslastung.
- Oszillation

  Mischform aus den beiden zuerst genannten Verfahren.
- Phasenverschobene Produktion

  Gleichmäßige Kapazitätsauslastung durch die Produktion unterschiedlicher Produkte mit einem gegenläufigen Absatzverhalten.

Aufgabe 4.1:

Produktionsmodelle können nach sechs Kriterien klassifiziert werden:
- Faktorbeziehung (limitational/substitutional)
- Zeitbezug (statisch/dynamisch)
- Umweltbedingungen (deterministisch/stochastisch)
- Produktarten (Ein-/Mehrprodukt)
- Fertigungsstufen (ein-/mehrstufig)
- Faktor-Produkt-Beziehung (unmittelbar/mittelbar)

Aufgabe 4.2:

a) Der Durchschnittsertrag berechnet sich als Quotient aus dem Ertrag und dem entsprechenden Inputfaktor:

$$DE_i = \frac{x}{v_i}$$

Der Durchschnittsertrag des Faktors v_1 beträgt somit an der Stelle $v_2 = 4$:

$$DE_1 = \frac{x}{v_1} = \frac{3v_1^2 * v_2}{v_1} = 3v_1 * 4 = 12v_1$$

Werden vom Inputfaktor v_2 4 Einheiten eingesetzt, dann erbringt jede Inputeinheit von v_1 im Durchschnitt einen Ertrag von $12v_1$ Einheiten.

b) Der Produktionskoeffizient berechnet sich wie folgt:

$$PK_i = \frac{v_i}{x}$$

Für den Faktor v_2 ergibt sich somit an der Stelle $v_1 = 3$ der Wert

$$PK_2 = \frac{v_2}{3v_1^2 v_2} = \frac{1}{3v_1^2} = \frac{1}{3*3^2} = \frac{1}{27}$$

Für $v_1 = 3$ müssen zur Produktion einer Outputeinheit 1/27 Einheiten von v_2 eingesetzt werden.

c) Die Berechnung des partiellen Grenzertrages ergibt nur dann korrekte Ergebnisse, wenn von infinitesimal kleinen Veränderungen der Inputfaktoren ausgegangen wird oder lineare Funktionen vorliegen. Dies ist darauf zurückzuführen, dass der partielle Grenzertrag mit Hilfe des Differentialquotienten berechnet wird und die Steigung der Produktionsfunktion in der Regel von Punkt zu Punkt unterschiedliche Werte aufweist.

d) Der Unterschied zwischen den beiden Größen liegt darin, dass bei der partiellen Grenzproduktivität Aussagen zur Veränderung des Outputs bei einer absoluten Variation des Inputfaktors gemacht werden, bei der Produktionselastizität dagegen relative Veränderungen aufeinander bezogen werden. Die Gemeinsamkeit besteht darin, dass zur Berechnung der Produktionselastizität die partielle Grenzproduktivität mit dem Produktionskoeffizienten multipliziert wird.

Aufgabe 4.3:

a) Zum einem kann mit Hilfe des TGE die Veränderung des Outputs in Abhängigkeit der Variation von mehr als einem Inputfaktor bestimmt werden. Andererseits lässt sich das Austauschverhältnis der Inputfaktoren bei konstanter Ausbringungsmenge berechnen.

b) Die Niveaugrenzproduktivität beschreibt die Veränderung des Outputs, wenn alle Inputfaktoren im gleichen Verhältnis variiert werden (= Prozessvariation).

Berechnet wird diese Größe wie folgt: $NPG = \frac{\partial x}{\partial v_1} * v_1^o + \frac{\partial x}{\partial v_2} * v_2^o$

$NPG = 6v_1v_2 * v_1^o + 3v_1^2 * v_2^o = 6*3*5*3 + 3*3^2*5 = 405$

Dies bedeutet, dass wenn zum Beispiel alle Inputfaktoren um 10 % erhöht werden (dλ = 0,1), die Ausbringungsmenge um 40,5 Einheiten ansteigt. Diese Aussage trifft aber nur für den Ausgangspunkt $v_1 = 3$ und $v_2 = 5$ zu.

c) Die Skalenelastizität bringt die relative Veränderung des Outputs in Abhängigkeit zur relativen Variation aller Inputfaktoren zum Ausdruck. Die Skalenerträge beziehen sich dagegen auf die absolute Steigerung bzw. Verringerung der Ausbringungsmenge, wobei auch hier alle Produktionsfaktoren um den gleichen Prozentsatz verändert werden.

Aufgabe 4.4:

a) Bei homogenen Produktionsfunktionen führt eine relative Veränderung unabhängig vom Ausgangsniveau immer zu einer gleichen relativen Veränderung des Outputs. Der Homogenitätsgrad gibt hierbei an, ob die Veränderung der Ausbringungsmenge proportional (q = 1), überproportional (q > 1) oder unterproportional (q < 1) zu der sie verursachenden Inputvariation ist.

b) Die Produktionsfunktion: $x = 3v_1^2 v_2$ hat den Homogenitätsgrad q = 3.

$\lambda_x^q = 3(\lambda v_1)^2 * (\lambda v_2) = 3\lambda^2 v_1^2 * \lambda v_2 = \lambda^3 * 3v_1^2 * v_2 \Rightarrow q = 3$

Dies bedeutet, dass wenn zum Beispiel die Inputfaktoren um 10 % erhöht werden, der Output um 33,1 % ($1,1^3$) steigt.

Aufgabe 4.5:

In der ersten Phase der Ertragsgesetzes steigt der Gesamtertrag progressiv an, das bedeutet, dass der Grenzertrag eine positive Steigung aufweist. Dadurch steigt der Durchschnittsertrag ebenfalls, ohne allerdings das Niveau des Grenzertrags erreichen zu können. Der Übergang zur zweiten Phase ist an der Stelle, an der der Grenzertrag sein Maximum und damit der Gesamtertrag seinen Wendepunkt erreicht. Der Gesamtertrag hat somit in der zweiten Phase einen degressiven Verlauf und die Steigung des Grenzertrags ist negativ. Trotzdem liegt der Durchschnittsertrag auch in dieser Phase unterhalb des Grenzertrags. Weisen der Grenz- und der Durchschnittsertrag den gleichen Wert auf, wechselt man von der zweiten in die dritte Phase. Der Wert für den durchschnittlichen Ertrag erreicht in diesem Punkt sein Maximum. In der dritten Phase nimmt sowohl der Durchschnitts- als auch der Grenzertrag ab, der Verlauf des Gesamtertrags ist weiterhin degressiv. Diese Phase endet am Maximum des Gesamtertrags (= Grenzertrag = 0). Die vierte Phase ist somit für den Ökonom nicht mehr von Interesse, da dort keine effiziente Produktion erfolgt.

Aufgabe 4.6:

Das Gesetz der abnehmenden Grenzrate der Substitution besagt, dass das Ersetzen eines Faktors durch einen anderen Faktor - bei gleichbleibender Ausbringungsmenge - immer schwieriger wird. Dieses Gesetz hat für die Leontief-Produktionsfunktion keine Bedeutung, da dort eine bestimmte Ausbringungsmenge immer nur mit einer einzigen Inputkombination effizient hergestellt werden kann.

Aufgabe 4.7:

a) Da es sich bei der angegebenen Funktion um eine Leontief- und damit um eine limitationale Produktionsfunktion handelt, ergeben sich keine positiven Grenzerträge einzelner Inputfaktoren, wobei unterstellt wird, daß die Betrachtung an einem effizienten Produktionspunkt durchgeführt wird. Von Bedeutung sind die partiellen Grenzerträge in den Fällen, in denen einer der Inputfaktoren reduziert werden muss. Die Grenzerträge geben dann an, um wie viele Einheiten sich der Output vermindert.

b) Stehen von v_1 60 und von v_2 20 Einheiten zur Verfügung, kann eine Ausbringungsmenge in Höhe von 15 Einheiten erzielt werden.

$$x = \min\left(\frac{1}{4}v_1;\ 2v_2\right) \Rightarrow x = \min\left(\frac{1}{4}*60;\ 2*20\right) = \min(15;\ 40) = 15$$

Aufgabe 4.8:

Die ökonomischen Verbrauchsfunktionen geben an, wie viel Einheiten eines Inputfaktors [FE] zur Produktion einer Outputeinheit [ME] benötigt werden. Es handelt sich somit um eine Durchschnittsbetrachtung.

Aufgabe 4.9:

Man kann zwischen 6 unterschiedlichen Anpassungsformen im Hinblick auf eine Veränderung der Nachfrage unterscheiden. Die intensitätsmäßige und die zeitliche Anpassung sind die Verfahren, die in der Praxis in erster Linie bei kurzfristigen Schwankungen eingesetzt werden. Der Vorteil ist darin zu sehen, dass die Anpassung schnell und unproblematisch erfolgen kann. Nachteilig ist, dass diese Anpassungsformen zu erhöhten Durchschnittskosten und zu einer verstärkten Belastung der Arbeitskräfte sowie der Aggregate führen. Die organisatorische Anpassung bezieht sich auf die Belegungszeiten sowie die Arbeitsabläufe. Sie kann sowohl bei kurz- als auch bei langfristigen Veränderungen durchgeführt werden. Im Gegensatz zu den drei zuerst genannten Anpassungsformen wird bei der quantitativen, der selektiven und der qualitativen Anpassung der Bestand an Potentialfaktoren verändert. Von einer quantitativen Anpassung spricht man, wenn die Anpassung über funktionsgleiche Potentialfaktoren mit identischen Verbrauchsfunktionen erfolgt. Bei der selektiven Anpassung sind zwar die Potentialfaktoren funktionsgleich, es ergeben sich aber unterschiedliche Verbrauchsfunktionen. Werden zur Anpassung an Nachfrageschwankungen ganz unterschiedliche Technologien analysiert, spricht man von einer qualitativen Anpassung.

Aufgabe 5.1:

a) Die Höhe der Kosten wird einerseits durch Daten, andererseits durch Aktionsfaktoren beeinflusst. Daten, wie beispielsweise Rohstoffpreise, Zinsen oder die Verbrauchsfunktionen der Aggregate, sind hierbei für das Unternehmen nicht beeinflussbar. Steuern kann das Unternehmen dagegen die Aktionsfaktoren, zu denen unter anderen die Betriebsgröße, die Losgröße und die zeitliche Produktionsverteilung zu zählen sind.

b) Die Einteilung der Kosten in fixe und variable Kosten wird sehr stark von der Länge des betrachteten Zeitraums bestimmt. Kurzfristig ergeben sich eine Vielzahl von Fixkosten, wohingegen mit zunehmender Länge der Planungsperiode immer mehr Kosten variabel werden.

Aufgabe 5.2:

Fixe Kosten sind von der Höhe der Ausbringungsmenge unabhängig. Sie treten zum Beispiel auf, weil das Unternehmen Verträge erfüllen muss, für zukünftige Entwicklungen vorbereitet sein will oder weil sich Maschinen nicht beliebig teilen lassen.

Aufgabe 5.3:

a) Nutzkosten sind der Teil der Fixkosten, der auf die genutzten Kapazitätsanteile entfällt. Fixkostenanteile, die auf Kapazitätsanteile anfallen, die nicht genutzt werden können, werden als Leerkosten bezeichnet.

b) Die gesamten Fixkosten (K_f) betragen 1.000 GE, die Gesamtkapazität (y) 50 ME. Die Nutz- bzw. Leerkostenfunktion lautet somit:

$$K_n = x * \frac{K_f}{y} = x * 20$$

$$K_l = (y - x) * \frac{K_f}{y} = (50 - x) * 20$$

Für x = 10, 20, 30 bzw. 50 betragen die Nutz- bzw. Leerkosten:

$K_n(10) = 200$; $K_n(20) = 400$; $K_n(30) = 600$ und $K_n(50) = 1.000$
$K_l(10) = 800$; $K_l(20) = 600$; $K_l(30) = 400$ und $K_l(50) = 0$

Aufgabe 5.4:

Sprungfixe Kosten entstehen, wenn zur Ausweitung der Produktion ein neues Aggregat beschafft werden muß. Es besteht allerdings keine unmittelbare Beziehung zwischen diesen Fixkosten und der Ausbringungsmenge.

Aufgabe 5.5:

a) Der Reagibilitätsgrad berechnet sich als Quotient zwischen der relativen

Kostenveränderung und der relativen Veränderung der Beschäftigung. Anhand dieser Größe kann man feststellen, ob die durch eine Variation der Beschäftigung ausgelöste Kostenveränderung proportional, über- oder unterproportional zur relativen Beschäftigungsveränderung ist. Der Reagibilitätsgrad liegt für Fixkosten bei Null, da dort keine Kostenveränderung durch eine Variation der Beschäftigung erfolgt.

b) Ein Reagibilitätsgrad von 1,5 bedeutet, dass eine Veränderung der Beschäftigung von x % zu einer Kostenvariation von 1,5 * x % führt. Wird beispielsweise die Beschäftigung um 10 % ausgeweitet, dann steigen die Kosten um 15 %, was zu einer Erhöhung der Stückkosten führt. Wird dagegen die Beschäftigung zurückgefahren, fallen die Stückkosten. Umgekehrt ist die Situation für R = 0,7. Hier gehen die Stückkosten mit zunehmender Beschäftigung zurück, nehmen allerdings zu, wenn die Beschäftigung zurückgefahren werden muss.

Aufgabe 5.6:
Bei der Berechnung der Grenzkosten wird mit dem Differentialquotient gerechnet. Diese Größe nimmt aber in der Regel für jeden Punkt auf der Kostenkurve einen anderen Wert an (Ausnahme: lineare Kostenfunktion), so dass nur für sehr kleine Veränderungen gute Näherungswerte erzielt werden können.

Aufgabe 5.7:
In der 1. Phase steigen die Gesamtkosten degressiv an, das bedeutet, dass die Grenzkosten fallen. Dies führt dazu, dass auch die variablen sowie die totalen Stückkosten mit zunehmender Ausbringungsmenge geringer werden. Am Übergang von der ersten zur zweiten Phase erreichen die Grenzkosten ihr Minimum. Anschließend verläuft die Gesamtkostenfunktion progressiv, die Grenzkosten steigen an, die totalen und variablen Stückkosten nehmen aber weiterhin ab. Zwischen der 2. und der 3. Phase liegt das Minimum der variablen, beim Übergang zur vierten Phase das Minimum der totalen Stückkosten.

Aufgabe 5.8:

Gegeben ist folgende Verbrauchsfunktion:

$$v = 10d^2 - 40d + 80 \left[\frac{FE}{ME}\right].$$

a) Die Stückkostenfunktion lautet:

$$k(d) = v(d) * p = 5d^2 - 20d + 40$$

Zur Bestimmung der optimalen Intensität muss diese Funktion nach d differenziert werden:

$$\frac{dk}{dd} = 10d - 20$$

Setzt man diese Funktion gleich Null ergibt, sich für d_{opt} der Wert 2. Die Stückkostenfunktion für d_{opt} lautet:

$$k(d_{opt} = 2) = 5*2^2 - 20*2 + 40 = 20 \left[\frac{GE}{ME}\right].$$

Hieraus ergibt sich die Kostenfunktion:

$$K(x) = 20x \ [GE]$$

Die Kostenfunktion in Abhängigkeit von der Zeit hat die Form:

$$K(t) = K(d_{opt}) * d_{opt} = 20 * 2 = 40t \ [GE]$$

b) Wird eine intensitätsmäßige Anpassung vorgenommen, ergibt sich folgende Stückkostenfunktion:

$$k(d) = 5d^2 - 20d + 40 = \left[\frac{GE}{FE}\right]$$

Wird die Anzahl der Potentialfaktoren konstant gesetzt, ergibt sich die Ausbringungsmenge nur noch in Abhängigkeit von der Intensität und der Zeit: $x = d*t$.

Für t = 8 gilt somit: $x = d*8 \Rightarrow d = \frac{x}{8}$

Setzt man diesen Ausdruck in die Funktion k(d) ein, ergibt sich als Stück-

kostenfunktion in Abhängigkeit von x:
$$k(x) = 5 * \frac{x^2}{64} - \frac{20x}{8} + 40 = 12{,}8x^2 - 2{,}5x + 40$$

Die Kostenfunktion hat damit folgenden Verlauf:
$$K(x) = 12{,}8x^3 - 2{,}5x^2 + 40x$$

Die geringsten Stückkosten weist diese Funktion bei x = 16 auf, da diese Menge mit der optimalen Intensität (d_{opt} = 2) hergestellt werden kann.
Die oben getroffenen Aussagen gelten nur für eine Betriebszeit von 8 Einheiten. Wird dieser Wert verändert, ergibt sich auch eine veränderte Kostenfunktion.

Aufgabe 6.1:

Zur Lösung dieser Aufgabe muss zunächst die Lagrangefunktion aufgestellt werden:
$$L = 2v_1^{0,4} * v_2^{0,6} + \lambda(750 - 10v_1 - 5v_2)$$

Im nächsten Schritt müssen die partiellen Ableitungen gebildet und gleich Null gesetzt werden:

$(1) \dfrac{\partial L}{\partial v_1} = 0{,}8 v_1^{-0,6} * v_2^{0,6} - 10\lambda = 0$

$(2) \dfrac{\partial L}{\partial v_2} = 1{,}2 v_1^{0,4} * v_2^{-0,4} - 5\lambda = 0$

$(3) \dfrac{\partial L}{\partial \lambda} = 750 - 10v_1 - 5v_2 = 0$

Dividiert man die 1. durch die 2. Gleichung ergibt sich:
$$\frac{0{,}8 v_1^{-0,6} * v_2^{0,6} - 10\lambda}{1{,}2 v_1^{0,4} * v_2^{-0,4} - 5\lambda} = 0 \Rightarrow \frac{0{,}8 v_2^{0,6} * v_2^{0,4}}{1{,}2 v_1^{0,4} * v_1^{0,6}} = \frac{10\lambda}{5\lambda} \Rightarrow \frac{0{,}8 v_2}{1{,}2 v_1} = 2 \Rightarrow v_1 = 0{,}33 v_2$$

Diese Beziehung kann man nun in die dritte Gleichung einsetzen und v_2 bestimmen.

$$750 - 10(0{,}33v_2) - 5v_2 = 0 \Rightarrow 750 = 8{,}33v_2 \Rightarrow v_2 = 90$$

Damit ergibt sich: $v_1 = 0{,}33*90 = 30$

Setzt man diese Werte in die Produktionsfunktion ein, kann man die maximale Produktionsmenge bei einem Kostenbudget von DM 750 bestimmen:

$$x = 2v_1^{0,4} * v_2^{0,6} = 2*30^{0,4}*90^{0,6} = 115{,}99$$

Die optimale Produktionsmenge beträgt knapp 116 Einheiten.

Aufgabe 6.2:

Zur Lösung dieser Aufgabe muss zunächst die Lagrangefunktion aufgestellt werden:

$$L = 4v_1 + 8v_2 + \lambda(5.000 - 8v_1 * 0{,}5v_2)$$

Im nächsten Schritt müssen die partiellen Ableitungen gebildet und gleich Null gesetzt werden:

(1) $\dfrac{\partial L}{\partial v_1} = 4 - \lambda 4v_2 = 0$

(2) $\dfrac{\partial L}{\partial v_2} = 8 - \lambda 4v_1 = 0$

(3) $\dfrac{\partial L}{\partial \lambda} = 5.000 - 4v_1 v_2 = 0$

Dividiert man die 1. durch die 2. Gleichung ergibt sich:

$$\frac{4}{8} = \frac{\lambda 4v_2}{\lambda 4v_1} \Rightarrow \frac{1}{2} = \frac{v_2}{v_1} \Rightarrow v_1 = 2v_2$$

Diese Beziehung kann man nun in die dritte Gleichung einsetzen und v_2 bestimmen: $5.000 - 4(2v_2)v_2 = 0 \Rightarrow 5.000 = 8v_2^2 \Rightarrow v_2 = 25$

Damit ergibt sich: $v_1 = 2v_2 = 50$

Setzt man diese Werte in die Kostenfunktion ein, kann man die minimalen Kosten für eine Produktionsmenge von 5.000 Einheiten bestimmen.

$K = v_1 p_1 + v_2 p_2 = 50*4 + 25*8 = 400$

Die minimalen Kosten betragen 400 DM.

Aufgabe 6.3:

a) Zunächst muss die Stückkostenfunktion aufgestellt werden, indem die mit ihren Preisen bewerteten Durchschnittsverbrauchsfunktionen addiert werden:

$$k(d) = \left(\frac{1}{100}*d^2 - 2d + 120\right)*0{,}5 + \left(\frac{2}{100}*d^2 - 3d + 130\right)*1 = \frac{1}{40}*d^2 - 4d + 190$$

Zur Bestimmung der optimalen Intensität wird diese Funktion nach d abgeleitet:

$$\frac{dk}{dd} = \frac{1}{20}d - 4$$

Setzt man diese Gleichung gleich Null, ergibt sich die optimale Intensität: $d_{opt} = 80$

b) Die mögliche Tagesproduktion berechnet sich wie folgt:
$x = d_{opt} * t = 80*8 = 640$ Einheiten

Zur Bestimmung der Produktionskosten muss zunächst der Tagesverbrauch ermittelt werden:

$$V_1 = v_1(d_{opt}) * d_{opt} * t = \left(\frac{1}{100}*80^2 - 2*80 + 120\right)*80*8 = 15.360$$

$$V_2 = v_2(d_{opt}) * d_{opt} * t = \left(\frac{2}{100}*80^2 - 3*80 + 130\right)*80*8 = 11.520$$

$K = V_1 * p_1 + V_2 * p_2 = 11.360*0{,}5 + 11.520*1 = 19.200$

Die Kosten einer Tagesproduktion belaufen sich somit auf DM 19.200.

Literaturempfehlungen

Adam, D.: Produktionsmanagement, 9. Aufl., Wiesbaden 1998.

Arnolds, H./Heege, F./Tussing, W.: Materialwirtschaft und Einkauf, 10. Aufl., Wiesbaden 1998

Bichler, K.: Beschaffungs- und Lagerwirtschaft, 7. Aufl., Wiesbaden 1997

Dyckhoff, Harald: Grundzüge der Produktionswirtschaft, 3. überarb. Aufl., Berlin u.a. 2000

Grap, Rolf: Produktion und Beschaffung, München 1998

Günther, H.-O./Tempelmeier, H.: Produktionsmanagement, Berlin, Heidelberg, 2. vollst. überarb. + erw. Aufl., New York 1995.

Gutenberg, E.: Grundlagen der Betriebswirtschaftslehre, Band 1: Die Produktion, 24. Aufl., Berlin, Heidelberg, New York 1983.

Hahn, Dietger/ Kaufmann, Lutz (Hrsg.): Handbuch Industrielles Beschaffungsmanagement, Wiesbaden 1999

Large, Rudolf: Strategisches Beschaffungsmanagement, Wiesbaden 1999

Melzer-Ridinger, R.: Materialwirtschaft und Einkauf, 3. Aufl., München, Wien 1994.

Nieß, P. S.: Operatives Produktionsmanagement, Wiesbaden 1996

Steinbuch, P. A./Olfert, K.: Fertigungswirtschaft, 6. Aufl., Ludwigshafen 1995.

Steven, Marion: Produktionstheorie, Wiesbaden 1998

Stichwortverzeichnis

ABC-Analyse 6, 8 ff.
Ablaufplanung 39, 54
Aggregate 101 ff.
Anpassung
   -, intensitätsmäßige 106 f., 129 f.
   -, organisatorische 107
   -, qualitative 107 f., 132 f.
   -, quantitative 106 f., 130 f.
   -, selektive 106 f., 131 f.
   -, zeitliche 106 f., 127 f.

Bedarfsmodell 15, 16
Beschaffungskosten 24
   -, unmittelbare 24
   -, mittelbare 24
Bestellbestand 33
Bestellmenge
   -, optimale 24 f.
Betriebsgröße 39, 48

Deckungsbeitrag 42
   -, absoluter 42
   -, relativer 43
Durchschnitt
   -, einfacher 16
   -, gleitender 16
Durchschnittsertrag 72

Einkauf 22 ff.
Ertragsfunktion, partielle 71
Ertragsgebirge 88
Ertragsgesetz 94 ff.
Erzeugnisbaum 12, 13

Faktorsubstitution
Faktorvariation
   -, partielle 70 ff.
   -, totale 70, 79
Fertigung
   -, Baustellen- 49, 51
   -, Chargen- 49, 53
   -, Eigen- 54, 57, 59
   -, einstufig 69
   -, Einzel- 49, 52
   -, Fließ- 49, 50
   -, Fremd- 54, 57, 59
   -, Gruppen- 49, 51
   -, Massen- 49, 52
   -, mehrstufig 70
   -, Serien- 49, 53, 55
   -, Sorten- 49, 53, 55
   -, Werkstatt- 49, 50
Fertigungstyp 48 ff.

Glättung, exponentielle 17 f.
Grenzertrag
   -, partieller 76
   -, totaler 79 f., 92
Grenzproduktivität,
   -, partielle 74, 92
Grenzrate der Substitution 91, 141

Handelswaren 4
Homogenitätsgrad 86

Intensität, optimale 142
Isoquanten 89

Kapitalbindungskosten 24
Kosten 115
   -, arten 116
   -, Fehlmengen- 24
   -, fixe 116
   -, Grenz- 123 f.
   -, Lager- 24
   -, Leer- 118 f.
   -, Nutz- 118 f.
   -, proportionale 122

-, sprungfixe 119 f.
-, Stück- 120
-, variable 121 f.

Lageraufgaben 32
Lagerhaltung 30 f.
Lagerhaltungskosten 24, 31
Lagerverwaltungsaufgaben 31
Lagrangefunktion 138
Lieferantenbewertung 22
Lohnarbeiten 57, 59
Losgröße, optimale 55 f.

Materialbedarfsplanung 11
   -, auftragsbezogene 11, 12 ff.
   -, verbrauchsorientierte 11, 15 ff.
Materialdisposition 32
Materialsortimentsplanung 6
Materialstandardisierung 6 f.
Materialnummerung 6, 7 f.
   -, einfache 8
   -, klassifizierende 8
Materialwirtschaft 3, 4

Niveaugrenzproduktivität 80, 86
Niveauvariation 81
Normung 6, 7

Organisation der Fertigung 48 ff.

Planung
   -, Bedarfs- 5
   -, Durchlauftermin- 60
   -, Faktoreinsatz- 39, 54 f.
   -, Losgrößen- 39, 54 ff.
      -, auftragsbezogene 11, 12 ff.
   -, Produktionsverteilungs- 39, 54, 57 ff.
   -, progressive 60
   -, retrograde 60
Potentialfaktoren 101

Produktion 1
-, phasenverschobene 57, 59
Produktionsablaufplanung 39, 47 f.
-, strategische 39, 48 ff.
-, operative 39, 54 ff.
Produktionselastizität 77
Produktionsfaktoren 3
Produktionsfunktion 66
-, homogene 85
-, substitutionale 94
Produktionskoeffizient 43, 73 f.
Produktionsmenge, optimale 138
Produktionsmodell 65
-, limitationales 66, 67
-, substitutionales 66, 67
Produktionsplanung 39
Produktionsprogrammplanung 39
-, strategische 39 ff.
-, operative 39, 41 ff.
Punktbewertungsschema 22 f.
Prozessvariation 81

Reagibilitätsgrad 121 ff.
Reserve, eiserne 34

Simplex-Algorithmus 45
Skalenerträge 80
Skalenelastizität 83 ff.
Stücklisten 12
   -, Baukasten- 12, 14
   -, Struktur- 12, 15

Transport 29 f.
Trendberechnung 18 ff.
Typung 6, 7

Verbrauchsfaktoren 4
Verbrauchsfunktion 101 ff.
   -, ökonomische 104 f.
   -, technische 103

Wertanalyse 6, 10 f.

MIX
Papier aus verantwortungsvollen Quellen
Paper from responsible sources
FSC® C105338

If you have any concerns about our products,
you can contact us on
ProductSafety@springernature.com

In case Publisher is established outside the EU,
the EU authorized representative is:
**Springer Nature Customer Service Center GmbH
Europaplatz 3, 69115 Heidelberg, Germany**

Printed by Libri Plureos GmbH
in Hamburg, Germany